GESUNDHEIT VON EINWANDEREREN:
VERBESSERUNG DER INTEGRATION UND DES GLOBALEN WOHLBEFINDEN

Gesundheit von Einwanderern ist auch erhältlich in
Arabisch als:

صحة المهاجرين: تعزيز التكامل والعافية العالمية

Englisch als: *Immigrant Health:*
Enhancing Integration & Global Wellness

Spanisch als: *Salud del inmigrante:*
Mejorando la integración y el bienestar global

Andere Bücher in der Dieser Reihe

Immigrant Konzepte: Lebenswege zur Integration

Psychologie der Einwanderer: Herz, Verstand Und Seele

GESUNDHEIT VON EINWANDERERN:

VERBESSERUNG DER INTEGRATION UND DES GLOBALEN WOHLBEFINDENS

Joachim O. F. Reimann, Ph.D.

Dolores I. Rodríguez-Reimann, Ph.D.   .

Romo Books

Gesundheit von Einwanderern:
Verbesserung der Integration und des Globalen Wohlbefindens
©2024, Joachim O. F. Reimann and Dolores I. Rodríguez-Reimann.

Alle Rechte vorbehalten.
Erschienen bei Romo Books, Chula Vista, Kalifornien

ISBN 978-1-955658-20-1 (Taschenbuch)
ISBN 978-1-955658-21-8 (eBook)
Kontrollnummer der Library of Congress: 2024914609

Dieses Buch soll inhaltlich genau informieren und die Meinung und Perspektive der
Autoren wiedergeben. In Zeiten des schnellen Wandels ist es jedoch nicht immer
möglich, sicherzustellen, dass alle bereitgestellten Informationen jederzeit korrekt und
aktuell sind. Daher übernehmen die Autoren und der Herausgeber keine Verantwortung
für Ungenauigkeiten oder Auslassungen und lehnen insbesondere jegliche Haftung,
Verluste oder Risiken ab, persönlich, beruflich oder anderweitig, die direkt oder
indirekt aus der Verwendung und/oder Anwendung des Inhalts dieses Buches entstehen
können.

Verlagsberater: David Wogahn, AuthorImprints.com

Übersetzung von Joachim Reimann, Ph.D.

Für unsere Patienten, Kollegen und
alle, die jeden Tag an vorderster Front
arbeiten, um ihren Teil dazu beizutragen,
den Fremden willkommen zu heißen

KAPITEL

VORWORT

Dieser Band ist der dritte und letzte in unserer Reihe über die Gesundheit von Einwanderern und die Anpassung an neue Umgebungen. Unser erstes Buch, *Immigrant Konzepte: Lebenswege zure Integration*, bietet einen allgemeinen Überblick über Elemente, die für eine erfolgreiche Integration wichtig sind. Dazu gehören berufliche Übergänge, kulturelle Anpassungen, die Förderung von Resilienz und verwandte Bereiche. Unser zweites Buch, *Psychologie der Einwanderer: Herz, Verstand, und Seele*, befasst sich eingehender mit den psychologischen Umständen von Einwanderern. Dabei geht es um die Schwierigkeiten, mit denen sie oft konfrontiert sind, und um die persönlichen Stärken, die sie bereits besitzen. Auszüge aus diesen beiden Büchern finden Sie am Ende dieses Bandes.

Es wäre zwar hilfreich, mit unseren anderen beiden Büchern vertraut zu sein, aber das Buch, das Sie gerade lesen, kann als eigenständiger Text dienen. Hier konzentrieren wir uns auf die Umstände der öffentlichen Gesundheit, die für Einwanderer besonders relevant sind. Dazu gehören wiederum persönliche Stärken und Herausforderungen. Wir machen dann Vorschläge, wie Einwanderer und diejenigen, die mit ihnen arbeiten, eine bessere Gesundheit und ein besseres Wohlbefinden fördern können.

Die Migration bringt sowohl für die Einwanderer als auch für ihre neuen Länder Schwierigkeiten mit sich. Menschen aus verarmten Verhältnissen brauchen mehr Unterstützung, um Fuß zu fassen. Längerfristig leisten Zuwanderer aber auch einen wichtigen Beitrag, der dazu beiträgt, die Wirtschaftsmotoren ihrer Wahlheimat anzutreiben. Die daraus resultierenden Vorteile überdauern Generationen. Die Autoren Ran Abramitzky und Leah Boustan[1] haben zum Beispiel gezeigt, dass die Kinder von Einwanderern in den USA ihren wirtschaftlichen Status im Allgemeinen gegenüber ihren Eltern verbessern. Dieser Trend ist seit den 1880er Jahren bemerkenswert konstant. Kurz gesagt, Einwanderung kann einem Land eine beträchtliche Vitalität verleihen. Es kann auch kritische Bedürfnisse erfüllen. In den letzten Jahren haben beispielsweise eingewanderte Ärzte, Krankenschwestern und andere Angehörige der Gesundheitsberufe in vielen Ländern der Welt zur Bekämpfung der COVID-19-Pandemie beigetragen.[2,3] Auch in der USA, in den Ländern die Mitglieder der Europäischen Union sind, und an anderen Orten waren Einwanderer unverzichtbare Arbeitskräfte, die die lebenswichtige Infrastruktur ihrer Wahlheimat aufrechterhielten.[4,5]

Gleichzeitig stellt die Einwanderung eine Herausforderung für die öffentliche Gesundheit dar. Es versteht sich fast von selbst, dass das Wohlbefinden eines Menschen der Kern eines glücklichen und erfolgreichen Lebens ist. Dennoch haben einige Einwanderer Schwierigkeiten, ihre Gesundheit und ihr Wohlbefinden zu erhalten (und in einigen Fällen wiederzuerlangen). Migrationen können auch neue gesundheitliche Herausforderungen für die einheimische Bevölkerung eines Landes mit sich bringen. Hier ein paar historische Beispiele:

Die Geschichte der Auswirkungen der Migration auf verschiedene Infektionskrankheiten ist lang und komplex. Die Geschichte erinnert daran, dass Pocken und möglicherweise Masern von römischen Truppen, die in Westasien gekämpft hatten, nach Europa gebracht wurden.[6] Es wird auch angenommen, dass die Hunnen die Justinianische Pest um 541 n. Chr. nach Europa, in den Nahen Osten und in andere Regionen brachten. Diese Seuche könnte bis zu 25 Millionen Menschen getötet haben.[7]

Darüber hinaus schleppten westliche Entdecker Pocken und Masern in die pazifischen Inselstaaten ein. Amerikanische Siedler in der "Neuen Welt" brachten auch mehrere Krankheiten wie Pocken, Cholera, Scharlach und Keuchhusten in die Indianerstämme ein.[8] Es wird geschätzt, dass dies zu einem Rückgang der indianischen Bevölkerung innerhalb der heutigen US-Grenzen von etwa 600.000 im Jahr 1800 auf etwa 250.000 im Jahr 1900 beitrug.

In jüngster Zeit wurden Migrationen unter anderem mit der Ausbreitung von COVID-19 und Affenpocken (auch bekannt als Mpox) in Verbindung gebracht.[9] Dies wurde zum Teil dadurch erleichtert, dass unsere Weltwirtschaft in der Lage ist, Menschen und Güter durch technologische Fortschritte in der Schifffahrt und im Luftverkehr routinemäßig schneller zu bewegen.[10,11]

Wie reagieren wir auf solche Trends? Angesichts der zunehmenden Vernetzung von Ländern ist Reisen unerlässlich. Wirtschaftswachstum ist unwahrscheinlich, wenn wir einfach stillstehen. Die daraus resultierende Stagnation würde wahrscheinlich zu höherer Arbeitslosigkeit und anderen unerwünschten Folgen führen. Kurz gesagt, Migrationen müssen und werden weiterhin stattfinden. Solche Realitäten haben uns dazu bewogen, dieses Buch zu schreiben.

Wir beginnen mit der Erörterung von Beispielen für Krankheiten und andere gesundheitliche Herausforderungen, denen einige Einwanderer in ihrem Herkunftsland oder während der Migration ausgesetzt sein können.

Anschließend geben wir Beispiele für die besonderen gesundheitlichen Umstände, mit denen einige Einwanderer in ihrem neuen Land konfrontiert sind. Dazu gehören auch häufige Krankheiten, an denen viele Menschen erkranken, mit denen Einwanderer aber möglicherweise weniger vertraut sind. Dazu gehören auch Krankheiten und Unfälle, für die Einwanderer in ihrer neuen Heimat einem höheren Risiko ausgesetzt sind. In dieser Diskussion gehen wir auf die Zusammenhänge zwischen psychischer und physischer Gesundheit ein.

Das Buch befasst sich auch mit den Umständen, mit denen Einwanderer häufig konfrontiert sind, wenn sie in ihrem neuen Land medizinische Versorgung in Anspruch nehmen. Dazu gehören Kontakte zu Ärzten und anderen Anbietern, realistische und unrealistische Erwartungen der Patienten und die Frage, ob die Dienstleistungen, die Einwanderer erhalten, wirksam sein werden. Diskutiert wird unter anderem, wie sich die Akkulturation auf die Vorstellungen der Menschen von Gesundheit und Krankheit sowie auf ihre Fähigkeit auswirkt, Zugang zu angemessener Versorgung zu erhalten. Wir überprüfen auch einige finanzielle Gegebenheiten, die mit der Krankenversicherung verbunden sind. Darüber hinaus gehen wir auf die Unterschiede zwischen Medikamenten und anderen Behandlungen ein, an die Menschen in ihrem Herkunftsland gewöhnt sind, und solchen, die in ihrer neuen Heimat verfügbar sind. Insbesondere Medikamente (sowohl verschreibungspflichtige als auch rezeptfreie) und Heilmittel, die Menschen in ihrem Herkunftsland routinemäßig einnehmen, existieren in ihrer Wahlheimat möglicherweise nicht (oder sind möglicherweise nicht legal). Rohypnol (Flunitrazepam) zum Beispiel ist ein besonders starkes Anti-Angst-Mittel in der Familie der Benzodiazepine (wie Xanax und Valium). Es wird in Teilen Europas,

Japans, Australiens, Südafrikas und Lateinamerikas verwendet. In den USA ist es jedoch nicht für medizinische Zwecke zugelassen.[12]

Wie können wir die weltweite Gesundheitsversorgung verbessern? Die COVID-19-Pandemie war für viele von uns ein wichtiges Ereignis. Aber diese Pandemie kann uns auch lehren, wie wir es besser machen können, wenn ähnliche Vorfälle in der Zukunft passieren. Vor allem müssen wir uns mit dem globalen Kontext von Krankheiten befassen. Viren und Bakterien halten sich nicht an internationale Grenzen. Sie gehen dorthin, wo Menschen (und in einigen Fällen auch die Tiere, die sie infizieren) es ihnen erlauben. Angesichts der Vernetzung der Welt gehen wir davon aus, dass sich Infektionskrankheiten in Zukunft leichter ausbreiten und neue Pandemien auslösen werden. Dies erfordert ein internationales Verständnis der Übertragung von Krankheiten und ein koordiniertes Management der Ressourcen zur Bekämpfung von Krankheiten.

Daher ist es notwendig, dass die Länder und ihre Gesundheitssysteme ihre Bemühungen besser organisieren. Dazu gehören auch Ideen, wie ein effektives multinationales Krankheitsmanagement erreicht werden kann. Zu den Überlegungsbereichen gehören beispielsweise die weltweiten Bemühungen um die Entwicklung und Verteilung von Impfstoffen und Behandlungen, die Akzeptanz benötigter Anbieter mit ausländischer Aus- und Weiterbildung, Kampagnen zur Krankheitsprävention und die konstruktive Nutzung sozialer Medien.

Wir verbringen auch einige Zeit damit, das Wohlbefinden durch die Ernährungsumstellungen zu untersuchen, denen Einwanderer in neuen Ländern begegnen können, die Fähigkeit der Einwanderer, sich zu organisieren und für sich selbst einzutreten, um Zugang zur Gesundheitsversorgung zu erhalten, wie sie

Spiritualität nutzen können, um die Gesundheit zu fördern, und verwandte Themen. Obwohl unsere Diskussion nicht umfassend ist, hoffen wir, dass sie grundlegende Beispiele liefert, die das Interesse der Leser wecken, mehr zu erfahren. Wie in unseren anderen Büchern stellen wir Beispiele aus unserer Arbeit und persönlichen Erfahrungen vor, die bestimmte Punkte hervorheben, die wir behandeln.

Es mag den Anschein haben, dass einige unserer Beispiele auf den ersten Blick keine große Wirkung zeigen. Es ist jedoch wichtig zu erkennen, dass selbst kleine Unterschiede in den Gesundheitspraktiken zwischen den Ländern Verwirrung stiften können. Ein Beispiel dafür ist der Bacillus Calmette-Guerin-Impfstoff (BCG), der außerhalb der USA am häufigsten zur Vorbeugung von Tuberkulose eingesetzt wird. Es kann zu einer falsch positiven Reaktion in einem Hauttest für gereinigte Proteinderivate (PPD) auf TB führen.[13]

Wer ist unser Publikum? Es gibt Zeiten, in denen wir uns direkt an Einwanderer wenden. An anderen Stellen richten sich unsere Bemerkungen konkret an die Beschäftigten im Gesundheitswesen. Das ist Absicht. Beide müssen sich verstehen, zusammenarbeiten und sich gemeinsam für Verbesserungen in der Pflege einsetzen.

Kurz gesagt, Fragen der Gesundheit und des Wohlbefindens stellen für viele, die ihr Herkunftsland verlassen haben, eine Herausforderung dar. Wir hoffen, dass dieses Buch die Menschen dazu ermutigen wird, die Pflege in Anspruch zu nehmen, die sie brauchen und verdienen. Ironischerweise kann Wohlbefinden auch ansteckend sein. Die gute Gesundheit unseres Nachbarn erhöht die Chance, dass auch wir gesund sind.

Die ersten Kapitel dieses Bandes mögen für die Leser technischer sein. Wir müssen Zahlen über das Ausmaß der Probleme vorlegen, mit denen Einwanderer in der Regel konfrontiert sind. Im letzten Teil werden dann praktische Ratschläge sowohl für Einwanderer als auch für diejenigen, die mit ihnen arbeiten, vorgestellt.

VERZICHTSERKLÄRUNG

Die in diesem Buch vorgestellten Inhalte sind nur für die Aufklärung und zum Nachschlagen im Bereich der öffentlichen Gesundheit gedacht. Es spiegelt die Meinungen, Perspektiven und Erfahrungen der Autoren wider. Dieses Buch sollte nicht als Ersatz für eine professionelle Beratung durch einen Arzt oder andere zugelassene Gesundheitsdienstleister angesehen werden. Sie sollten diese Informationen nicht verwenden, um sich selbst zu diagnostizieren oder zu versuchen, Krankheiten oder andere Erkrankungen zu behandeln. Bitte wenden Sie sich sofort an einen Arzt, wenn Sie den Verdacht haben, dass Sie ein medizinisches Problem haben.

Es wurden Anstrengungen unternommen, um Informationen und Aussagen bereitzustellen, die korrekt sind und mit formalen, von Experten begutachteten Forschungsergebnissen und anderen glaubwürdigen Quellen übereinstimmen. Auf diese wird im gesamten Buch verwiesen.

1

BEDINGUNGEN DIE EINWANDERER IN IHREM HERKUNFTSLAND UND/ ODER AUF IHREN REISEN ERLEBEN

Migrantinnen und Migranten kommen aus den unterschiedlichsten Hintergründen und Lebensumständen. Die Medien neigen dazu, über diejenigen zu berichten, die gezwungen sind, vor Gefahren zu fliehen. Viele Menschen ziehen aber auch in ein neues Land, weil sie sehr begehrt sind. Sie bringen fortgeschrittene Fähigkeiten und Fachkenntnisse mit und sind im Wesentlichen "importiert." In den USA gibt es spezielle Visa (H-1B und O-1) für Menschen in einer Vielzahl von Bereichen, die über außergewöhnliche Fähigkeiten mit vergleichbarer Ausbildung verfügen. Einige dieser Mechanismen gewähren nicht automatisch einen dauerhaften Aufenthalt, ermöglichen aber längere Aufenthalte.[14]

Wir sind uns bewusst, dass selbst Menschen in solchen Positionen dazu neigen, Stress zu erleben, wenn sie mit Migrationsherausforderungen konfrontiert sind. Ihre Lebensumstände werden an verschiedenen Stellen in diesem Buch diskutiert. Aber Migranten mit geringeren wirtschaftlichen Mitteln und diejenigen, die versuchen, verschiedenen Gefahren zu entkommen, stehen in der Regel vor den größten gesundheitlichen Herausforderungen. Folglich befasst sich ein Großteil unseres Buches mit solchen Gruppen.

Das Institut für Migration der Vereinten Nationen (IOM) berichtet, dass es im Jahr 2020 weltweit 281 Millionen internationale Migranten gab. Davon 89,4. Millionen Menschen wurden aufgrund von Krieg, Verfolgung, anderer Gewalt und Katastrophen vertrieben.[15] Woher wandern die Menschen aus? Sie kommen oft aus Zentral- und Südasien, Lateinamerika und der Karibik, Nordafrika und dem Nahen Osten.[16]

Es ist wahrscheinlich überraschend, dass Europa und Nordamerika zwar die meisten Einwanderer aufnehmen, diese Regionen aber auch der Ursprung vieler Menschen sind, die in andere Länder wie Kanada sowie Mittel- und Südamerika auswandern.

Wie bereits erwähnt, migrieren Menschen aus verschiedenen Gründen. Dazu gehören bessere Karrierechancen, Flucht vor Krieg, Verfolgung, anderen Gefahren und veränderte Bedingungen im Land. Ein Beispiel, das wohl zu wenig Aufmerksamkeit erhalten hat, ist die globale Erwärmung - obwohl sie vor allem in den letzten zwei Jahrhunderten mit menschlichen Migrationen in Verbindung gebracht wurde. Die globale Erwärmung bezieht sich auf den Anstieg der Oberflächentemperaturen der Erde im Laufe der Zeit. Es wurde sowohl mit "natürlichen" Ereignissen (wie Vulkanausbrüchen) als auch mit menschlichen Aktivitäten in Verbindung gebracht. Zu den Ursachen, die mit unserer menschlichen Bevölkerung zusammenhängen, gehören 1) kommerzielle Abholzung, 2) Kraftfahrzeugemissionen (Kohlendioxid und andere Giftstoffe), 3) Fluorchlorkohlenwasserstoffe (Chemikalien, die in Klimaanlagen und Kühlschränken verwendet werden und die schützende Ozonschicht unseres Planeten beeinträchtigen), 4) die allgemeine industrielle Entwicklung, 5) landwirtschaftliche Praktiken, die Kohlendioxid und Methangas erzeugen, und 6) die allgemeine Überbevölkerung.[17]

Es wird angenommen, dass die globale Erwärmung zum Teil Überschwemmungen, Brände, Dürren und Stürme erhöht. Sie hat auch zu einem Anstieg des Meeresspiegels geführt. Letzteres hat dazu geführt, dass ganze pazifische Inseln unter Wasser verschwunden oder anderweitig unbewohnbar geworden sind (ein Beispiel ist die Republik Kiribati). Der Klimawandel hat auch Hungersnöte und anderes menschliches Leid verursacht. Darüber hinaus können erhöhte Temperaturen die Übertragung von Krankheiten begünstigen. Stechmücken und Tics gedeihen in wärmeren Klimazonen und erhöhen die Wahrscheinlichkeit, dass Menschen an Malaria und anderen Krankheiten erkranken.[18]

Es überrascht nicht, dass solche Bedingungen Menschen dazu veranlassen können, Sicherheit zu suchen, indem sie woanders hinziehen. Dies wird manchmal auch als Umweltmigration bezeichnet. Allein im Jahr 2017 wurden schätzungsweise 22,5 bis 24 Millionen Menschen durch Ereignisse vertrieben, die durch den Klimawandel verursacht wurden.[19,20] Viele von ihnen kommen aus Lateinamerika, Subsahara-Afrika und Südostasien.

Obwohl es von entscheidender Bedeutung ist, muss wiederholt werden, dass der Klimawandel nur eine von vielen Schwierigkeiten ist, die zu Migrationen führen. Viele dieser Herausforderungen lassen sich auf die Verhältnisse im eigenen Land zurückführen. In diesem Kapitel werden konkrete Beispiele erläutert, die diesen Punkt veranschaulichen.

ENTWICKLUNGSSTÖRUNGEN

Einwanderer, die vor Gewalt, Verarmung oder anderen problematischen Bedingungen in ihrer Heimat fliehen, haben oft schlechte sanitäre Bedingungen erlebt, die Krankheiten, einen Mangel an verfügbarer Gesundheitsversorgung und andere Instabilitäten begünstigen. Angesichts ihrer kritischen Wachstumsphase sind Kinder besonders anfällig für Schwierigkeiten, die ein Leben lang andauern können. Die Weltgesundheitsorganisation (WHO) zum Beispiel verwendet den Begriff "Stunting" und definiert ihn als *"beeinträchtigtes Wachstum und Entwicklung, die Kinder durch schlechte Ernährung, wiederholte Infektionen und unzureichende psychosoziale Stimulation erfahren"*.[21] Ein wichtiger Faktor, der zu "Wachstumsverzögerungen" führt, ist die Ernährungsunsicherheit.

Es ist nicht verwunderlich, dass Kinder, die mit einer ausgewogenen Ernährung gut ernährt sind, mit größerer Wahrscheinlichkeit gesund, produktiv und lernfähig sind. Umgekehrt wurde Mangelernährung mit vermindertem Intellekt, geringer Produktivität, größerer Anfälligkeit für Krankheiten und einem Leben in Armut in Verbindung gebracht.

Während wir dieses Buch schreiben, konzentrieren sich die Schlagzeilen in den Nachrichten auf eine Reihe von Orten, an denen Ernährungsunsicherheit ein erhebliches und potenziell sich verschlimmerndes Problem darstellt. In Bezug auf Afghanistan nach der Machtübernahme der Taliban im Jahr 2021 stellt beispielsweise ein UNICEF-Bericht[22] fest, dass das Land eine der höchsten Unterernährungsraten der Welt aufweist. Jedes dritte heranwachsende Mädchen ist anämisch und nur 12 Prozent der afghanischen Kinder im Alter von 6 bis 24 Monaten erhalten die richtige Vielfalt und Menge an Nahrung, die sie für ihr Alter benötigen.

Mit 41 % hat Afghanistan eine der weltweit höchsten Raten von Wachstumsstörungen bei Kindern. Nahrungsmittel sind knapp und manchmal sind Kinder gezwungen, sich nährstofarm und schadstoffreich zu ernähren. Die COVID-19-Pandemie und die politische Instabilität haben zu diesen Problemen beigetragen. Das Ergebnis ist, dass Kinder ein höheres Risiko haben, Durchfall, Lungenentzündung und andere Gesundheitsprobleme zu entwickeln.

Syrien ist ein weiteres Land, in dem Ernährungsunsicherheit ein großes und zunehmendes Problem darstellt. Neben dem Bürgerkrieg in diesem Land haben eine Wirtschaftskrise im benachbarten Libanon im Jahr 2019 in Kombination mit der COVID-19-Pandemie, eine schwere Dürre, die während wir dieses Buch schreiben, eine Treibstoffknappheit, die die Fähigkeit zum Betrieb von Brunnen einschränkt, und die rückläufige humanitäre Hilfe zur Nahrungsmittelknappheit beigetragen.[23] Das Welternährungsprogramm[24] schätzt daher, dass fast 60 % der syrischen Bevölkerung von Ernährungsunsicherheit betroffen sind.[25]

Weitere Orte mit Ernährungsunsicherheit sind wie folgt: Laut dem Welthunger-Index 2021 sind die Länder mit dem größten Mangelernährungsrisiko nach Regionen West- und Nordafrika (Jemen und Irak), Westafrika (Liberia und Sierra Leone), Zentral- und Südafrika (Zentralafrikanische Republik und Tschad), Ostafrika (Somalia und Madagaskar), Südamerika (Venezuela), Mittelamerika und die Karibik (Haiti und Guatemala) und Südostasien (Timor-Leste und Afghanistan). In Europa und Zentralasien ist Turkmenistan gelistet. (Der Hungerindex Turkmenistans wird jedoch nicht als problematisch eingestuft.)[26]

Es überrascht nicht, dass es einige Überschneidungen zwischen der Ernährungsunsicherheit und den Heimatländern gibt, aus denen die meisten Migranten auf der Welt fliehen wollen. Laut World Vision[27] gehören dazu Syrien (6,8 Millionen Flüchtlinge), Venezuela (5,4 Millionen Flüchtlinge),

Afghanistan (2,8 Millionen Flüchtlinge) und Somalia (800.000 Flüchtlinge), um nur einige zu nennen.

ANDERE REKRANKUNGEN, DIE IN DEN HERKUNFTSLÄNDERN VORHERRSCHEN

Ein Forschungsschwerpunkt war die Prävalenz bestimmter Krankheiten in Entwicklungsländern. In solchen Umgebungen führt die Kombination aus Armut, Mangelernährung, schwacher Infrastruktur (z. B. schlechte Abwasserentsorgung) und mangelnder medizinischer Versorgung oft zu einer größeren Schwere und Übertragung verschiedener Infektionskrankheiten als an anderen Orten. Dies wirkt sich insbesondere auf gefährdete Bevölkerungsgruppen wie ältere Menschen aus.

Die häufigsten Todesursachen in Entwicklungsländern vor der COVID-19-Pandemie waren Nicht-COVID-19-Atemwegsinfektionen und Krankheiten, die Durchfall, Tuberkulose und Malaria verursachen. Zusammen machten diese Krankheiten mehr als 90 % der Todesfälle bei älteren Menschen aus.[28] Im Folgenden werden einige Krankheiten und Leiden ausführlicher erörtert.

Infektionskrankheiten

COVID-19: Es überrascht nicht, dass die schwerste Gesundheitskrise der letzten Zeit durch die COVID-19-Pandemie ausgelöst wurde. Während wir dieses Buch schreiben, hat es sich in 228 Ländern ausgebreitet und fast 6,5 Millionen Todesfälle verursacht.[29] Diese Zahl wächst täglich. Obwohl wirksame Impfstoffe und Behandlungen entwickelt wurden, tauchen immer wieder neue Varianten auf, und einige Menschen misstrauen weiterhin medizinischen Lösungen. Dies stellt die Fortschritte des Gesundheitswesens bei der langfristigen Kontrolle der Krankheit in Frage.

Die Pandemie hat verschiedene soziale Gruppen, darunter auch Einwanderer, dazu gezwungen, über eine Änderung der gängigen Praktiken nachzudenken. In den USA zum Beispiel leben mehr Einwanderer in Mehrgenerationenhaushalten als die Gesamtbevölkerung.[30] In solchen Heimen leben Familienangehörige aus drei oder mehr Altersgruppen zusammen. Unter den meisten Bedingungen können Mehrgenerationenhaushalte hilfreich sein. Sie haben das Potenzial, Familienbande zu stärken, die Kinderbetreuung und Altenpflege zu erleichtern und Geld zu sparen.[31] Studien haben auch ergeben, dass in westindischen und lateinamerikanischen Einwanderergruppen Mehrgenerationenhaushalte dazu beitragen, den Wohnbesitz und die emotionale Unterstützung der Familienmitglieder zu erhöhen.[32] Diese Praxis hat jedoch während der COVID-19-Pandemie zu Problemen geführt. Ständiger und enger Kontakt zwischen Familienmitgliedern erhöht das Risiko einer Krankheitsübertragung.[33] Die Haushalte der COVID-19-Pandemie sahen sich somit mit neuen gesundheitlichen Herausforderungen konfrontiert, die eine Anpassung erforderten.

Darüber hinaus hat COVID-19 gezeigt, dass sich eine Pandemie sowohl auf die Weltwirtschaft als auch auf die Gesundheitssysteme und den Einzelnen auswirkt. Es hat die Fertigung, die Lieferketten und viele andere Unternehmen gestört. Dienstleistungsunternehmen wie Restaurants und Fitnessstudios mussten sich an Beschränkungen anpassen, die die Ausbreitung von COVID-19 eindämmen, oder den Betrieb ganz einstellen. Der Internationale Währungsfonds schätzt, dass das gesamte globale Bruttoinlandsprodukt (BIP) allein von 2019 bis 2020 um 3,9 % gesunken ist.[34] Einwanderer sind auf unterschiedliche

Weise von COVID-19 betroffen und davon betroffen. Einige Einwanderer aus afrikanischen und lateinamerikanischen ethnischen/rassischen Gruppen hatten höhere Infektionsraten als die Allgemeinbevölkerung. Zum Teil ist dies wahrscheinlich auf die Art der Arbeit zurückzuführen, die sie häufig ausführen. Wie wir später erörtern werden, können solche Tendenzen durch die häufige Teilnahme an Dienstleistungsberufen begünstigt werden, die als systemrelevant eingestuft wurden und einen stärkeren Kontakt mit der Öffentlichkeit erfordern.[35] Bemerkenswert ist, dass diese Art des Kontakts auch die Arbeit in Berufen im Gesundheitswesen umfasst, die direkt im Dienst stehen. Mit anderen Worten: Einwanderer haben oft ein höheres Risiko, sich mit COVID-19 zu infizieren, tragen aber auch zum gesellschaftlichen Kampf gegen die Krankheit bei.

Wechselwirkungen zwischen Infektionskrankheiten und Migration sind nichts Neues. Manchmal kehren sogar Krankheiten, von denen wir glaubten, dass sie durch Medikamente und andere Behandlungen besiegt wurden, plötzlich zurück. Beispiele hierfür sind Tuberkulose, Leishmaniose (eine parasitäre Infektion, die durch Sandmücken übertragen wird) und Helminthiasis (eine Wurminfektion). Hier ist eine spezifischere Diskussion über Tuberkulose:

Tuberkulose: Laut den Daten der Weltgesundheitsorganisation aus dem Jahr 2021 ist Tuberkulose (TB) die 13. häufigste Todesursache insgesamt und die zweithäufigste Infektionstodesursache nach COVID-19. Diese bakterielle Infektion greift in erster Linie die Lunge an, kann sich aber auch auf andere Körperteile ausbreiten. Früher nannte man es auch Konsum. Ohne die richtige Behandlung sterben bis zu zwei Drittel der Menschen mit Tuberkulose.[36]

Einst galt die Tuberkulose als mit Medikamenten (Antibiotika) fast vollständig ausgerottet, erlebte aber in den 1980er und 1990er Jahren ein Comeback.[37,38] Leider ist Tuberkulose nach wie vor ein großes Problem. Weltweit starben im Jahr 2021 rund 1,6 Millionen Menschen an der Krankheit.[36]

In der Vergangenheit war Tuberkulose an einigen internationalen Grenzen besorgniserregend. Ein Übersichtsartikel aus dem Jahr 2018 befasste sich mit Einwanderung und Tuberkulose in den USA. Sie kam zu dem Schluss, dass die Tuberkuloseraten bei Menschen, die nicht in den USA geboren wurden, insgesamt am höchsten sind. Glücklicherweise zeigt eine detailliertere Analyse im Laufe der Zeit, dass die Raten bei Menschen, die aus Mexiko, Südkorea, Ecuador und Peru in die USA eingewandert sind, zurückgehen. Die Raten auf den Philippinen, in Indien, Äthiopien und Honduras sind weitgehend unverändert geblieben. Die Quoten bei den aus China stammenden Personen sind leicht gestiegen.[39] Daher ist es wichtig, die Trends bei der Übertragung von Krankheiten im Laufe der Zeit zu verstehen und sich auf diese zu konzentrieren. Wir müssen nicht befürchten, dass eine Bevölkerung vermeintliche Gesundheitsrisiken importiert. Wir müssen verstehen, dass Einzelpersonen, das Gesundheitswesen und Regierungen Maßnahmen ergreifen können, um Krankheiten zu lindern.

Andere Gruppen, die für Tuberkulose gefährdet sind, sind Wanderarbeiter in der Landwirtschaft. Bemerkenswert ist jedoch, dass diese Gruppe eine höhere Rate an latenter (nicht mehr infektiöser) Tuberkulose aufweist.[40] In unseren eigenen Forschungen haben wir kulturelle Faktoren gefunden, die die Entscheidung mexikanischer Amerikaner beeinflussen, medizinische Tuberkulose-Präventionsdienste in Anspruch zu nehmen. Wir werden unsere Ergebnisse in einem späteren Abschnitt dieses Buches behandeln.

Eine Studie aus dem Jahr 2020, die sich mit den Auswirkungen der Einwanderung auf Tuberkulose in Ländern der Europäischen Union (EU) befasste, zeigte gemischte Ergebnisse. Es wurde kein allgemeiner Zusammenhang zwischen Einwanderung und höheren Tuberkuloseraten festgestellt. Tatsächlich gab es in einigen Ländern mit mehr Einwanderern sogar weniger Tuberkulosefälle. Dieser Trend ist jedoch nicht universell. Entgegen den allgemeinen Ergebnissen gab es in Italien, Deutschland und Norwegen mehr Tuberkulosefälle im Zusammenhang mit der Einwanderung.[41] Der Grund für diese Feststellung ist ungewiss. Aber es hängt wahrscheinlich mit der Zahl der Einwanderer zusammen, die aus Ländern mit hohen TB-Infektionsraten kommen.

Es ist bemerkenswert, dass einige Länder Migranten mit bestimmten Krankheiten nicht ins Land lassen. Menschen, die beispielsweise in die USA einreisen möchten, unterziehen sich einer medizinischen Untersuchung. Personen mit Infektionskrankheiten wie aktiver unbehandelter Tuberkulose, Syphilis, Gonorrhö und Morbus Hansen dürfen nicht einreisen. Aber diejenigen, die eine erfolgreiche TB-Behandlung in einem anderen Land abgeschlossen haben, diejenigen, die TB-ähnliche Symptome haben, bei denen aber eine aktuelle TB-Infektion ausgeschlossen wurde, und diejenigen, die eine latente TB-Infektion haben, können immer noch einreisen dürfen. In diesen Fällen kann eine ärztliche Nachsorge erforderlich sein.[42] Darüber hinaus verhängten die Vereinigten Staaten als Reaktion auf die COVID-19-Pandemie vorübergehende Beschränkungen des Einwanderungsverfahrens. So wurde beispielsweise bis vor kurzem eine US-Politik (die sogenannte Title 42-Behörde) genutzt, um Migranten, einschließlich Asylsuchende, an der Grenze zwischen den USA und Mexiko abzuweisen, in der Annahme, dass sie die COVID-19-Pandemie verschlimmern könnten.[43]

Trauma

Viele Geflüchtete haben körperliche und seelische Traumata erlebt, sowohl in ihrem Herkunftsland als auch auf der Migration. Traumatische Vorfälle werden oft durch Krieg, Folter, Übergriffe (einschließlich sexueller Übergriffe) und Unfälle auf schwierigen Reisen verursacht. Eine Studie, die in einer türkischen Notaufnahme durchgeführt wurde, ergab beispielsweise, dass syrische Flüchtlinge viel häufiger Kopfverletzungen, Frakturen, Hautverletzungen und Verbrennungen aufwiesen als die einheimische Bevölkerung.[44] Untersuchungen im Libanon ergaben auch, dass Verletzungen am häufigsten von Kindern und jüngeren Erwachsenen (bis zu 45 Jahren) erlitten wurden, darunter Messerstiche, Schüsse und Gehirnerschütterungen.[45] In unserer eigenen klinischen Erfahrung mit ostafrikanischen Flüchtlingen wird von unseren Patienten routinemäßig beschrieben, dass sie während einer Hausinvasion von Angreifern mit einem AK-47-Gewehrkolben auf den Kopf geschlagen wurden.

Sexuelle Übergriffe sind ein weiterer schrecklicher Trend, der in einigen Fällen zu einer Waffe des Krieges und des Terrors geworden ist. In der Ukraine werden russische Invasionstruppen beispielsweise beschuldigt, sowohl Mädchen und Jungen im Alter von einem Jahr als auch Männer und Frauen, die über 70 Jahre alt sind, vergewaltigt zu haben. Fälle von Gruppenvergewaltigungen und Umstände, in denen Angehörige gezwungen werden, sexuell gewalttätige Handlungen gegen einen Partner oder ein Kind zuzusehen, wurden angeführt. Es wird weiter berichtet, dass ein einjähriger Junge an den Folgen eines solchen Angriffs starb.[46,47]

Aus Notizen des UN-Sicherheitsrats geht auch hervor, dass kriminelle Organisationen die soziale Instabilität während des Krieges ausnutzen, um Menschenhandel zu betreiben, an dem auch Kinder beteiligt sind.[48] Frauen, die glauben, auf legitime Beschäftigungsangebote zu reagieren, werden schließlich in den Sexhandel gezwungen.

Die Ausbeutung schutzbedürftiger Frauen ist nicht neu. In der Vergangenheit wurden Frauen und Mädchen von Terrorgruppen wie Boko Haram in Nigeria, dem Islamischen Staat (ISIS) in Syrien und anderen Ländern in die Sexsklaverei gedrängt.[49]

Abgesehen von dem psychologischen Terror, den dies verursacht, bleiben einige Menschen, insbesondere kleine Kinder, mit körperlichen Verletzungen zurück. Die kindliche Physiologie ist einfach nicht weit genug entwickelt, um Geschlechtsverkehr zu tolerieren. Hinzu kommt, dass manche Menschen als Einschüchterungstechnik bei sexuellen Übergriffen absichtlich verletzt werden. Die Folgen werden häufig als anogenitale Verletzungen (AGI) bezeichnet und können eine Operation erforderlich machen.[50]

Einige medizinische Krankheiten können als Nebenprodukt des Krieges betrachtet werden. Zum Beispiel haben Flüchtlinge aus Syrien eine höhere Rate an Atemwegserkrankungen gezeigt. Es wird angenommen, dass dies durch Chemikalien und Staub verursacht wird, die durch militärische Angriffe aufgewirbelt werden.[51]

Hinzu kommt, dass ein Land, das sich auf seinem eigenen Territorium im Krieg befindet, oft die Infrastruktur verliert, die für die Behandlung von Krankheiten und Verletzungen notwendig ist. Tahirbegolli und Kollegen berichten beispielsweise, dass Kinder und Jugendliche in einigen syrischen Städten oft keine Vorsorge (wie Impfungen) erhalten haben, was sie anfällig für Krankheiten wie Masern und Polio macht.[51] Wie im bereits erwähnten Fall Afghanistans werden die Gesundheitsprobleme durch Nahrungsmittelknappheit, Unterernährung und den Mangel an sicheren Unterkünften weiter verschärft. Dies wiederum macht sowohl Kinder als auch Erwachsene anfälliger für Krankheit und Tod.

Während wir dieses Buch schreiben, geht die russische Invasion in der Ukraine weiter. Die Weltgesundheitsorganisation (WHO) berichtet, dass dies die Gesundheitsinfrastruktur der Ukraine stark verschlechtert hat, während der Bedarf an medizinischer Hilfe für militärische und zivile Verwundete dramatisch gestiegen ist.

Dr. Hans Henri Kluge, der WHO-Regionaldirektor für Europa, sagte weiter, dass es in den ersten 100 Tagen des Krieges 260 bestätigte direkte Angriffe auf das Gesundheitswesen in der Ukraine gegeben habe.[52] Ein ähnliches Muster war während des syrischen Bürgerkriegs zu beobachten. Im Jahr 2017 schätzte das Soufan Center, dass allein die syrischen Regierungstruppen zu diesem Zeitpunkt fast 700 medizinische Mitarbeiter im ganzen Land getötet hatten.[53] Es wurde angenommen, dass einige Anbieter und Krankenhäuser gezielt angegriffen wurden, wahrscheinlich in der Absicht, die lokale Bevölkerung zu demoralisieren und zu unterjochen .

ANDERE GESUNDHEITSFAKTOREN

Die Mundgesundheit wird in Diskussionen über Einwanderer oft übersehen. Dennoch ist bekannt, dass die Mundgesundheit von Migranten im Durchschnitt schlechter ist als die einheimische

Bevölkerung eines Landes.[54] Zu den Problemen gehören Karies, Zahnverlust und Infektionen.

Dieser Trend mag zutreffen, weil die Menschen der Meinung sind, dass andere medizinische Probleme eine unmittelbarere Aufmerksamkeit erfordern und der Zugang zu Zahnärzten durch finanzielle Ressourcen (z. B. keine Zahnversicherung) sowie die begrenzte Verfügbarkeit von Anbietern eingeschränkt ist.[55] Auf lange Sicht können Zahnerkrankungen jedoch zu Zahn- und Knochenverlust führen. Infektionen durch Karies können sich auch über den Blutkreislauf ausbreiten. Schwere Zahninfektionen können sich über den Kieferknochen hinaus in den Hals und andere Bereiche ausbreiten. Im Extremfall kann es durch Infektionen zu Blutgerinnseln in den Hohlräumen unter dem Gehirn und hinter jeder Augenhöhle kommen (Schwellkörperthrombose), die weitere schwerwiegende Folgen haben und sogar lebensbedrohlich sein können.[56] Auch wenn es nicht so erscheinen mag, ist es wichtig, die Mundgesundheit zu erhalten.

RISIKEN BEI DER MIGRATION

Für Migranten mit geringen wirtschaftlichen Mitteln kann die Reise in ein neues Land eine Vielzahl von Gefahren mit sich bringen. Zu den Gesundheitsrisiken gehören die Exposition gegenüber Krankheiten, Unfälle, die Verschlimmerung bestehender Gesundheitsprobleme während des Reisens und das Opfer von Gewalt, einschließlich sexueller Übergriffe.

Die Weltgesundheitsorganisation (WHO) hat auf der Grundlage von Informationen aus Europa Unfallverletzungen, Unterkühlung, Magen-Darm-Erkrankungen, Verbrennungen, kardiovaskuläre Ereignisse, Diabetes und Bluthochdruck als einige der häufigsten Probleme bei neu angekommenen Einwanderern und Flüchtlingen identifiziert.[57] Mangelnde Hygiene auf Reisen kann auch zu Haut- und Parasiteninfektionen führen. Frauen sind oft mit Problemen im Zusammenhang mit Schwangerschaft und Geburt sowie Gewalt konfrontiert. Hier sind einige spezifische Gefahren.

Gefahren

Traumatische Erfahrungen passieren nicht nur im Herkunftsland eines Migranten. Sie werden auch während des Reisens erworben, wo Unfälle ein weiteres allzu häufiges Ereignis sind. Der Hohe Flüchtlingskommissar der Vereinten Nationen (UNHCR) hat beispielsweise berichtet, dass allein in den ersten 10 Monaten des Jahres 2015 3.100 Flüchtlinge, die das Mittelmeer überquerten, ums Leben gekommen oder vermisst wurden.[58] Weitere 938 galten in der ersten Hälfte des Jahres 2022 als tot oder vermisst.[59]

Migranten, die von Süd- und Mittelamerika an die Grenze zwischen den USA und Mexiko reisen, sind ebenfalls einer Vielzahl von Gefahren ausgesetzt. Viele wandern zum Beispiel durch den Darién Gap, einen etwa 60 Meilen langen Abschnitt dichten Regenwaldes zwischen Kolumbien und Panama. Diese Wanderung verläuft ohne Straßen und beinhaltet tückische Berge und Sümpfe. Sie gilt als eine der gefährlichsten Migrationsrouten der Welt. Viele Migranten, die in die USA einreisen wollen, reisen dann mit einem Güterzug durch Mexiko, der umgangssprachlich *La Bestia* (Das Biest) oder *El tren de la muerte* (der Zug des Todes) genannt wird. Diese Spitznamen sind wohlverdient. Zu den Gefahren gehören Unfälle, wenn Menschen in den fahrenden Zug ein- und aussteigen. Hinzu kommt, dass Migranten manchmal einschlafen, durch die Bewegung des Zuges abgeschüttelt werden, auf den Gleisen landen und getötet werden.[60] Da sich diese Unfälle häufig nachts und in ländlichen Gebieten ereignen, wenn die Menschen schlafen, wissen andere nicht sofort, dass etwas passiert ist. Darüber hinaus werden Migranten, die in diesem Zug fahren, in der Regel Opfer von Gewalt, Raubüberfällen und Entführungen.[61,62]

Die Gefahren können anhalten, wenn Einwanderer das Land erreichen, in das sie einreisen wollen. So wurden beispiels- weise am 27. Juni 2022 in San Antonio, Texas, vierundsechzig Migranten in einem verlassenen Lastwagen gefunden. Am Ende starben 53 von ihnen, höchstwahrscheinlich an Dehydrierung und Hitze. Dieser Vorfall wurde als der tödlichste Fall von Menschenschmuggel in der modernen Geschichte der USA bes- chrieben. Die Verstorbenen stammten aus Mexiko, Guatemala und Honduras. Sie waren zwischen 13 und 55 Jahre alt.[63]

Im April 2021 beschrieb ein Bericht des Fernsehsenders KTRK in Houston, Texas, auch einen Vorfall, bei dem die Poli- zei eine mutmaßliche Entführung untersuchte. Es stellte sich heraus, dass es sich um einen Menschenschmuggel handelte. Neunzig Menschen wurden zusammengekauert in einem Wohn- haus gefunden. Davon wurden fünf Personen positiv auf COVID-19 getestet. Die Polizei begann dann mit der Verabre- ichung von Schnelltests, als andere sagten, sie könnten nichts riechen oder schmecken (ein charakteristisches Symptom des Virus).[64]

2

RISIKEN UND ANDERE UMSTÄNDE, DENEN EINWANDERER AM ZIELORT ANGESETZEN SIND

Einwanderer sind, wie ihre im Inland geborenen Kollegen, routinemäßig anfällig für verschiedene Krankheiten, wobei sie oft die gleichen Krankheiten entwickeln wie die einheimische Bevölkerung. Einige Forscher haben jedoch festgestellt, dass Herzkrankheiten und Krebs bei Einwanderern seltener auftreten als in der breiteren Bevölkerung eines Landes.[65] Bestimmte Umstände können sich jedoch spezifischer auf die Gesundheit und Sicherheit auswirken. Ein solcher Bereich ist der Arbeitsplatz.

Arbeitsunfälle: Arbeitnehmer mit Migrationshintergrund sind in Deutschland oft mehr körperlichen Belastungen und schwierigen Bedingungen ausgesetzt als ihre einheimischen Kollegen.[66] Das Gleiche gilt für andere Länder wie Italien, die USA und Kanada. Neu angekommene Einwanderer arbeiten häufiger in gefährlichen Berufen und sind daher häufiger verletzt. Dazu gehört die Exposition gegenüber Hitze, Pestiziden, potenziell schädlichen Chemikalien und anderen Gefahren, die zu Industrieunfällen führen können.[67,68]

Ein aktuelles Beispiel, das die Aufmerksamkeit der Medien auf sich zog, betraf die Gefahren, denen eingewanderte Arbeitskräfte ausgesetzt waren, als sie als Austragungsorte für die Fußballweltmeisterschaft 2022 in Katar vorbereitet wurden.

Dazu gehörten der Bau von Stadien sowie Infrastruktur wie neue Straßen, Hotels, ein neues öffentliches Verkehrssystem und ein Flughafenausbau. Um die Projekte abzuschließen, stellte Katar viele ausländische Arbeitskräfte ein, meist aus Nepal, Bangladesch, Indien, Pakistan und Sri Lanka.

Diese Arbeiter bestanden Gesundheitsuntersuchungen, bevor sie ein katarisches Visum erhielten. Der anfänglich schlechte Gesundheitszustand war also vermutlich kein Problem. Aber dann starb eine beträchtliche Anzahl von Arbeitern während ihrer gesamten Beschäftigung. Genaue Zahlen sind schwer zu ermitteln, wurden aber vom Guardian auf etwa 6.500 geschätzt.[69] *Die Deutsche Welle* (DW)[70] hält diese Schätzung für zu hoch. Katarische Beamte haben jedoch zugegeben, dass zwischen 400 und 500 Arbeiter, die mit WM-Projekten in Verbindung stehen, ums Leben gekommen sind.[71] Darüber hinaus sollen andere nach ihrer Rückkehr in ihr Herkunftsland an Erkrankungen wie Nierenversagen gestorben sein. Dies wurde mit Bedingungen wie heißem Wetter und schlechtem Trinkwasser in Katar in Verbindung gebracht.[72]

Wer ist in der Regel am anfälligsten für einen Arbeitsunfall? Eine Studie aus Spanien zeigte, dass Einwanderer aus Nordafrika besonders gefährdet sind. Berufstätige nordafrikanische Frauen erlitten die meisten Verbrennungen durch Arbeitsunfälle. Männer aus Lateinamerika, der Karibik, Afrika und Osteuropa erlitten am häufigsten Verletzungen durch Fremdkörper (z. B. von einem Gegenstand getroffen zu werden, etwas ins Auge zu bekommen oder versehentlich Dinge zu verschlucken).[73] Es überrascht nicht, dass Untersuchungen ergeben haben, dass Einwanderer in risikoreichen Berufen häufiger chronische Schmerzen entwickeln als die Allgemeinbevölkerung.[74]

Kommentar von Joachim Reimann:

In meiner klinischen Praxis führe ich routinemäßig Evaluationen mit Menschen durch, die Arbeitsunfälle erlitten haben und somit in das kalifornische Workers' Compensation System eingebunden sind. Die meisten dieser Menschen haben psychische Schwierigkeiten aufgrund eines körperlichen Arbeitsunfalls. In den Jahren 2021 und 2022 habe ich 22 Klienten mit solchen Erkrankungen gesehen. Davon hatten 15 spanische Nachnamen. Die meisten wurden in Mexiko geboren und fünf sprachen kein Englisch. Zwei der verbliebenen Kunden kamen aus Südostasien.

Dies ist zwar keine wissenschaftliche Stichprobe, aber sie verdeutlicht die Häufigkeit, mit der Einwanderer im Laufe der Beschäftigung im Vergleich zu anderen Bevölkerungsgruppen verletzt werden. Darüber hinaus können die Verhandlungen über das Arbeitnehmerentschädigungssystem komplex sein. Dies kann es für verletzte Arbeitnehmer, insbesondere für diejenigen, die kein Englisch sprechen, schwierig machen, die benötigten Dienstleistungen rechtzeitig zu erhalten. Eine Verzögerung der Behandlung erhöht tendenziell die Wahrscheinlichkeit, dass die Erkrankungen chronisch werden und eine intensivere Betreuung erfordern. Kurz gesagt, der Prozess kann sowohl menschliches Leid als auch letztendlich die monetären Kosten erhöhen.

Diabetes: Unterschiede in den Ernährungsgewohnheiten können auch den Gesundheitszustand von Einwanderern verändern. Zum Beispiel sind Menschen mit afrikanischem, lateinamerikanischem, pazifischem und asiatischem Hintergrund besonders anfällig für die Entwicklung von Typ-2-Diabetes.[75] Warum könnte das wahr sein?

Menschen, die übergewichtig oder älter sind oder ein unmittelbares Familienmitglied mit Typ-2-Diabetes haben, sind besonders anfällig für die Erkrankung. Eine Idee, warum einige ethnische Gruppen einem solchen Risiko ausgesetzt sind, ist als "sparsamer Genotyp" bekannt.[76] Die Annahme besagt, dass bestimmte Gruppen Gene haben können, die dazu beitragen, die Fettspeicherung ihres Körpers zu erhöhen. In Umgebungen, in denen der Zugang zu nahrhafter Ernährung begrenzt ist, hätte dies Vorteile. Es würde den Menschen ermöglichen, Fett effektiv zu speichern, wenn Nahrung besser verfügbar ist, damit sie sich in Zeiten der Hungersnot auf dieses Fett verlassen können. Das Verfahren wäre besonders hilfreich für gebärfähige Frauen.

Aber wenn Einwanderer aus diesen Milieus neue Länder erreichen, in denen Nahrungsmittel durchweg reichlich vorhanden sind und mehr verarbeitet werden, kann der sparsame Genotyp zu Problemen führen. Es bereitet sich im Wesentlichen auf eine Hungersnot vor, die nie kommt. Es wird angenommen, dass dies chronische Fettleibigkeit und damit verbundene Gesundheitsprobleme wie Diabetes fördert.

Die Hypothese des sparsamen Genotyps wurde aus einer Reihe von Gründen kritisiert. Es besteht zum Beispiel die Sorge, dass es unsere Fähigkeit minimiert, Verantwortung für unsere eigene Gesundheit zu übernehmen, indem wir gute Ernährungsentscheidungen treffen.[77] Unseres Erachtens handelt es sich hier nicht um eine "Entweder-oder"-Frage. Die Genetik, unser Verhalten in Bezug auf Lebensmittel und unser körperliches Aktivitätsniveau wirken sich alle auf unsere Gesundheit aus.

Insbesondere gibt es Hinweise darauf, dass gesunde Ernährung und Bewegung funktionieren. Das Diabetes Prevention Program (DPP), eine große und wichtige Studie, ergab, dass Änderungen des Lebensstils die Zahl der Menschen, die an Typ-2-Diabetes erkrankten, um 58 % verringerten.[78] Diese Erkenntnis bedeutet dass auch Menschen mit genetischen Faktoren, die sie anfälliger für bestimmte Krankheiten machen, dieses Risiko erheblich verringern können, indem sie gesunde Entscheidungen treffen.

Insgesamt sind die bemerkenswerten Typ-2-Diabetes-Raten unter Einwanderern wahrscheinlich auf eine Reihe von Umständen zurückzuführen. Zusätzlich zu dem sparsamen Genotyp nehmen Einwanderer manchmal aufgrund von Stress an Gewicht zu, was sich zu einer Gewohnheit entwickelt, sich mit dem Essen selbst zu beruhigen.

INTERNATIONALE UNTERSCHIEDE BEIM TABAKKONSUM

Ein weiteres Thema ist der Tabakkonsum. Rauchen und der damit verbundene Tabakkonsum sind ein großes Gesundheitsproblem. Die Weltgesundheitsorganisation berichtet, dass Tabakprodukte weltweit direkt und indirekt mehr als 8 Millionen Menschen pro Jahr töten.[79] Darin enthalten sind etwa 1,2 Millionen Todesfälle im Zusammenhang mit Passivrauchen.[80]

Der Tabakkonsum umfasst verschiedene Produkte, darunter Zigaretten, Zigarren, Kautabak (Dip, Schnupftabak), löslichen Tabak, Shisha (eine Kombination aus Tabak und Obst- oder Gemüseprodukten, die mit einer Wasserpfeife geraucht werden) und Pfeifentabak. Wie im Folgenden näher erläutert wird, ist es wahrscheinlich, dass Einwanderer in ihren Wahlheimatländern auf unbekannte Tabakkonsummuster stoßen, da diese Muster variieren und sich im Laufe der Zeit ändern.

Veränderte Tabakkonsummuster: Es gibt Zeiten, in denen ein bestimmtes Tabakprodukt besonders beliebt wird. Zum Beispiel kehrte sich der 25-jährige Rückgang des Zigarren-rauchens in den USA 1991 plötzlich um. Eine wachsende Zahl von gesellschaftlichen Veranstaltungen, Internetseiten und Bars feierte Zigarren. Trendige Modelle, die Zigarren rauchten, erschienen auf den Titelseiten von Zeitschriften. Unsere eigenen Recherchen zeigten damals, dass Latinos zu den Gruppen mit hohen Raucherquoten gehörten.[81] Raucher sahen in Zigarren eine sichere Alternative zu Zigaretten, da sie den Rauch nicht inhalierten.[82] Diese Auffassung trifft nicht zu. Der Konsum von Zigarren wird mit Kehlkopfkrebs und anderen Gesund-heitsrisiken in Verbindung gebracht. Laut einem Bericht der Truth Initiative aus dem Jahr 2020[83] ist das Zigarrenrauchen in den USA nicht zurückgegangen, sondern hat bei jungen Men-schen sogar zugenommen und stellt daher weiterhin erhebliche Gesundheitsrisiken dar.

Die Suche nach einer sicheren Art des Rauchens geht weiter, zuletzt mit dem Aufkommen von elektronischen Zigaretten (E-Zigaretten). Dabei handelt es sich um batteriebetriebene Geräte, die oft wie eine Zigarette geformt sind und den Benut-zer mit Nikotin versorgen. Während E-Zigaretten keinen Tabak enthalten, enthält der von ihnen produzierte Dampf bekannte Giftstoffe, die Atemprobleme und andere Gesundheitsrisiken verursachen können.[84]

Gesellschaftliche Normen und Tabakkonsum: Einige Pro-dukte, die Menschen rauchen, werden mit bestimmten Ländern und Kulturen in Verbindung gebracht. Kreteks (auch Nelken-zigaretten genannt) kommen zum Beispiel aus Indonesien. Es wird angenommen, dass Wasserpfeifen in Indien entwickelt wurden und vor allem im Nahen Osten beliebt wurden.

Der Tabakkonsum kann daher von Land zu Land sehr unterschiedlich sein. In den Statistiken des World Population Review 2022 werden Nauru (52,10 %), Kiribati (52,00 %), Tuvalu (48,70 %), Myanmar (45,50 %), Chile (44,70 %), Libanon (42,60 %), Serbien (40,60 %), Bangladesch (39,10 %), Griechenland (39,10 %) und Bulgarien (38,90 %) als die zehn Länder mit den höchsten Raucherquoten genannt.[85]

Die Raucherquoten in den EU-Mitgliedstaaten schwanken stark, von dem bereits erwähnten Höchstwert in Griechenland bis zu einem Tiefstand von 7 % in Schweden.[86] Die Zigarettenraucherquote in den USA im Jahr 2020 wurde auf 12,5 % geschätzt.[87]

Was haben diese Zahlen mit den Einwanderern zu tun? Die Forschung hat gezeigt, dass die Kultur den Tabakkonsum auf vielfältige Weise beeinflusst. Eine US-Studie ergab beispielsweise, dass Einwanderer aus arabischen Ländern, die weiterhin den Normen ihres Herkunftslandes folgten, häufiger Zigaretten oder Wasserpfeifen rauchten als andere in ihren Gemeinden.[88] Umgekehrt zeigten Untersuchungen aus Australien, dass Menschen, die aus nicht-englischsprachigen Ländern dorthin eingewandert waren, seltener rauchten als die einheimische Bevölkerung. Aber diejenigen, die als Kinder oder Jugendliche eingereist waren, rauchten dann eher als gebürtige Australier, nachdem sie 20 Jahre oder länger im Land waren.[89] Zusammenfassend lässt sich sagen, dass das Rauchverhalten von den unterschiedlichen Gepflogenheiten in den Herkunftsländern der Einwanderer und den Umständen, unter denen sie jetzt leben, abhängt.

Beispiel Joachims Vater:

Angesichts der Tatsache, dass Rauchen mit einer Vielzahl von gesundheitlichen Problemen verbunden ist, ist es nie eine gute Idee, die Gewohnheit fortzusetzen. Einigen Menschen fällt das Aufhören leicht. Als Joachims Vater aus Deutschland in die USA einwanderte, ärgerte er sich leicht darüber, dass seine übliche Zigarettenmarke (HB) in der USA nicht erhältlich war. Also hörte er einfach auf zu rauchen. Wir vermuten jedoch, dass das Aufhören für die meisten Gewohnheitsraucher schwieriger ist. Sie benötigen möglicherweise eine Nikotinersatztherapie (z. B. Pflaster), soziale Unterstützung und andere Methoden, um dieses Ziel zu erreichen. Die gute Nachricht ist, dass die Raucherentwöhnung mit einem verringerten Risiko für die Entwicklung verschiedener Krebsarten, Herzerkrankungen, Schlaganfälle und anderer medizinischer Probleme verbunden ist.[90]

Zu den Fragen, die sich Einwanderer zum Tabakkonsum stellen können, gehören:

1. Wenn der Tabakkonsum in meinem neuen Land mehr akzeptiert wird, werde ich dann versucht sein, mit dem Tabakkonsum anzufangen (oder fortzufahren), auch wenn ich die gesundheitlichen Risiken kenne?

2. Ist der Umzug in eine Wahlheimat ein guter Zeitpunkt, um mit dem Tabakkonsum aufzuhören, da ich dort eine Art "neues Leben" beginne?

3. Wenn ich mit dem Tabakkonsum aufhören möchte, welche Unterstützungsangebote gibt es in meinem neuen Land, um mir dabei zu helfen?

3

SCHNITTSTELLEN ZWISCHEN KÖRPERLICHER ERKRANKUNG UND PSYCHISCHER GESUNDHEIT

Viele westliche Gesellschaften neigen immer noch dazu, psychische und körperliche Gesundheit als zwei verschiedene Bereiche zu betrachten. Dies könnte sich aus einer Philosophie namens Geist-Körper-Dualismus entwickelt haben, die oft mit dem französischen Philosophen René Descartes in Verbindung gebracht wird. Im Wesentlichen besagt diese Sichtweise, dass Geist und Körper verschieden und getrennt sind.[91] Das Konzept findet sich in vielen westlichen Religionen, einschließlich des Christentums. Der Glaube besagt, dass es eine Unterscheidung zwischen dem Körper und der Seele gibt.[92] Was das Gesundheitswesen betrifft, so betrachten westliche religiöse Traditionen körperliche Krankheiten oft als medizinische und spirituelle oder psychische (und damit psychologische) Krankheiten, die in ihren Zuständigkeitsbereich fallen. Während religiöse Autoritäten dabei sind, dieses Konzept zu überdenken, hatte und hat der Geist-Körper-Dualismus einen erheblichen Einfluss darauf, wie Gesundheitssysteme strukturiert sind.[93]

Im Gegensatz dazu sieht die Philosophie, die von vielen östlichen Traditionen (wie Buddhismus und Taoismus) geteilt wird, den Körper und die Psyche in einer ganzheitlicheren, vollständig integrierten Weise.[94] Einwanderer, die aus solchen

Gegenden kommen, könnten daher von der westlichen Medizin überrascht sein und bezweifeln, dass sie wirksam sein wird.

Einige Trends zeigen, dass sich die Medizin im Westen verändert. Die Weltgesundheitsorganisation hat die Notwendigkeit eines ganzheitlichen Ansatzes erkannt. Konkret definiert sie Gesundheit als "einen Zustand des vollständigen körperlichen, geistigen und sozialen Wohlbefindens und nicht nur die Abwesenheit von Krankheit oder Gebrechen". Die WHO fügt hinzu: "Es gibt keine Gesundheit ohne psychische Gesundheit."[95]

Kurz gesagt, geistige und körperliche Gesundheit sind grundlegend miteinander verbunden. Hier sind drei konkrete Beispiele, die für Zuwanderer relevant sind.

Körperliche Verletzungen und Schmerzen: Wie wir bereits erwähnt haben, erleben einige Einwanderer körperliche Traumata zu Hause (z. B. durch Krieg und kriminelle Gewalt), auf ihren Reisen (z. B. durch gewaltsame Ausbeutung und Unfälle) und in ihrer Wahlheimat, weil sie Opfer von Hassverbrechen werden. Da sie eher körperlich anstrengenden Arbeiten nachgehen, ist es auch wahrscheinlicher, dass sich Einwanderer bei der Arbeit verletzen.[68,96,97] Diese Umstände können zu chronischen Schmerzen führen.

Schmerz ist ein kompliziertes Thema. Derzeit gibt es keine direkte körperliche Messung, die das Vorhandensein und die Schwere der Schmerzerfahrungen einer Person bestätigen kann. Nichtsdestotrotz, wie wahrscheinlich alle Menschen wissen, ist Schmerz eine sehr reale und unangenehme Empfindung. Es gibt verschiedene Arten von Schmerzen. Die eine wird als "nozizeptiv" bezeichnet. Dabei handelt es sich in der Regel um Gewebeschäden durch Blutergüsse, Verbrennungen oder andere Verletzungen an einem Körperteil.[98] Eine zweite Art von

Schmerz wird als "neuropathisch" bezeichnet.[99] Dies wird durch Probleme mit dem menschlichen Nervensystem verursacht, die auf eine Verletzung oder Krankheit zurückzuführen sind. Schließlich bleiben einige Ursachen für Schmerzen unbekannt. Wie beispielsweise Erkrankungen wie Reizdarmsyndrom, Fibromyalgie und chronische Kopfschmerzen entstehen, ist noch nicht genau verstanden.

Schmerzen können weiter in zwei allgemeine Kategorien unterteilt werden: akut und chronisch. Akute Schmerzen treten in der Regel als Folge einer bestimmten Verletzung oder Krankheit auf. Beispiele sind Muskelzerrungen, Knochenbrüche und Nierensteine. Akute Schmerzen sind in der Regel ein kurzfristiges Problem, das abklingt, nachdem die zugrunde liegende Verletzung verheilt ist. Im Gegensatz dazu werden Schmerzen chronisch, wenn sie drei oder mehr Monate andauern.

In einigen Fällen erfüllt der Schmerz eine wichtige Funktion. Ich kann uns auf bestehende körperliche Verletzungen aufmerksam machen, einschließlich solcher, die sich verschlimmern können, wenn wir uns nicht um sie kümmern. Aber in anderen Fällen, wenn der Schmerz chronisch wird, trägt er keinen praktischen Nutzen zu unserem Überleben bei. Mit anderen Worten, solche Schmerzen haben keine nützliche Funktion für unsere körperliche Genesung. Dies gilt insbesondere für neuropathische Schmerzen.[100]

Es ist wahrscheinlich keine Überraschung, dass ungelöste Schmerzen dazu führen können, dass Menschen frustriert, ängstlich und depressiv werden. Die Kombination aus Schmerzen und emotionalen Schwierigkeiten neigt dazu, beide Erkrankungen zu verschlimmern und ihre Behandlung schwieriger zu machen.[101,102,103]

Darüber hinaus zeigte eine kanadische Studie, die sich auf Einwanderer konzentrierte, dass Stimmungs- und Angststörungen signifikant mit einer höheren Wahrscheinlichkeit von Verletzungen verbunden waren, insbesondere solche, die durch Stürze verursacht wurden.[104] Kurz gesagt, Menschen mit chronischen Schmerzen haben ein erhöhtes Risiko für eine schlechte psychische Gesundheit, und Menschen mit schlechter psychischer Gesundheit haben ein erhöhtes Risiko für körperliche Verletzungen.

Chronische Krankheiten: Auch chronische Erkrankungen und emotionale Störungen können miteinander in Verbindung gebracht werden. Wie bereits beschrieben, sind einige Migrantengruppen besonders gefährdet, an Typ-2-Diabetes zu erkranken. Diese Krankheit ist frustrierend, weil es ständiger und intensiver Anstrengungen bedarf, um sie zu kontrollieren. Die Menschen müssen sich an bestimmte Diäten halten, Trainingsroutinen haben, ihren Blutzuckerspiegel überwachen und andere Methoden anwenden, um ernsthafte medizinische Probleme zu vermeiden. Angesichts des emotionalen Tributs, den dies fordert, wurde es mit Depressionen in Verbindung gebracht. Das gilt für die Allgemeinbevölkerung ebenso wie für Zuwanderer.[105] Darüber hinaus wurde psychischer Stress mit körperlichen Risiken für die Entwicklung von Typ-2-Diabetes in Verbindung gebracht.[106] Mit anderen Worten, es kann einen unglücklichen Kreislauf geben, in dem Frustration und Traurigkeit über Diabetes zu körperlichen Reaktionen führen, die Diabetes verschlimmern.

Als Reaktion auf dieses Problem haben eine Reihe von Diabetesversorgungssystemen den Schwerpunkt auf emotionales Wohlbefinden und persönliche Befähigung in ihre Ansätze zur

Diabetesversorgung aufgenommen. Die Forschung zeigt, dass diese Bemühungen zu positiven Ergebnissen führen können.[107.108]

Autoimmunerkrankungen: Dies sind Krankheiten, die dazu führen, dass das Immunsystem des Körpers versehentlich gesundes Körpergewebe zerstört. Zu den spezifischen Krankheiten gehören solche, die Probleme für unsere Gelenke und Muskeln, Organe, Verdauung, Gewebe und chronische Entzündungen verursachen. Forscher haben herausgefunden, dass chronischer Stress ein Element ist, das die Wahrscheinlichkeit erhöht, eine solche Störung zu entwickeln.[109]

Stress sollte durch gefährliche Situationen ausgelöst werden, in denen unser Körper ein Hormon namens Adrenalin freisetzt, um unseren Blutdruck, unsere Atmung und unsere Pulsfrequenz zu erhöhen. Historisch gesehen hat dies den Menschen gute Dienste geleistet. Wenn sie von einem Raubtier angegriffen wurden oder mit anderen lebensbedrohlichen Umständen konfrontiert waren, passte sich der Körper an, um die Überlebenschancen zu erhöhen. Dabei handelt es sich in der Regel um vorübergehende Situationen, in denen sich unser Körper beruhigt, sobald wir in Sicherheit sind. Kontinuierlicher Stress, bei dem der Körper über einen längeren Zeitraum Adrenalin freisetzt, kann jedoch zu anhaltenden Entzündungen und anderen gesundheitlichen Problemen führen. Zum Beispiel kann chronischer Stress einen körperlichen Prozess auslösen, der zu Typ-2-Diabetes führt.[106] Darüber hinaus hat die Forschung ergeben, dass Stress, einschließlich der posttraumatischen Belastungsstörung (PTBS), mit der Entwicklung von Autoimmunerkrankungen zusammenhängt.[110]

Die Forschung zu den Zusammenhängen zwischen chronischem Stress und Autoimmunerkrankungen bei Einwanderern ist begrenzt. Solche Verbindungen variieren in der Regel je nach den individuellen Umständen der Migranten, ein-schließlich der Bedingungen in dem Land, aus dem sie kom-men.[111] Studien zeigen jedoch klare Zusammenhänge zwischen der posttraumatischen Belastungsstörung (PTBS) und solchen Autoimmunerkrankungen.[112] Angesichts der relativ hohen PTBS-Raten bei einigen Einwanderergruppen, wie z. B. Flücht-lingen, liegt der Verdacht nahe, dass auch sie an Autoimmun-problemen leiden.[113] Darüber hinaus haben Kinder afrikanischer Herkunft und lateinamerikanischer Herkunft mit im Ausland geborenen Eltern ein besonders hohes Risiko für geringgradige, aber anhaltende Entzündungen.[114] Dies wiederum birgt für sie die Gefahr, Autoimmunitätsprobleme zu entwickeln.

Andere Beispiele: Es gibt viele andere Umstände, in denen psychische und körperliche Probleme miteinander inter-agieren. Häufige Schlafstörungen (Schlaflosigkeit) können beispielsweise zum Risiko für Herzerkrankungen, Diabetes und Bluthochdruck beitragen. Schlaflosigkeit kann auch zu einem erhöhten Risiko für die Entwicklung oder Verschlechterung der Alzheimer-Krankheit, anderer Arten von Demenz sowie zu Stimmungsstörungen wie Depressionen, PTBS und allgemeinen Angstzuständen führen.

Angesichts der Zusammenhänge zwischen emotionaler und körperlicher Gesundheit entgeht uns die Ironie nicht, dass wir zwei getrennte Bücher geschrieben haben, eines über psychische und eines über körperliche Gesundheit. Aber Einwanderer, die in ein neues Land kommen, müssen möglicherweise immer noch das Gesundheitsumfeld verstehen und verhandeln, das oft getrennte Systeme für psychische und physische Anbieter und Versicherungsschutz hat. Manchmal sind auch psychische und physische Gesundheitsdienste an verschiedenen Orten unterge-bracht. In der wissenschaftlichen Literatur werden weiterhin

Forderungen nach einer stärkeren Integration der geistigen und körperlichen Gesundheit laut.[115]

4

PATIENTENERFAHRUNGEN
UND -ERWARTUNGEN

Wenn Einwanderer in einem neuen Land medizinische
Hilfe suchen, werden sie wahrscheinlich auf Praktiken stoßen, die sich stark von dem unterscheiden,
was sie gewohnt sind. Dazu gehören die Art der verfügbaren
Medikamente, Impfstoffe und Behandlungen, die Art und
Weise, wie und wann diagnostische Tests eingesetzt werden,
und andere Ansätze im Gesundheitswesen. Die Reaktionen der
Einwanderer auf diese Unterschiede beeinflussen, wie zufrieden
sie mit den Dienstleistungen sind, wie zuversichtlich sie sind,
dass die Dienstleistungen, die sie erhalten, effektiv sein werden,
und ob sie in Zukunft Hilfe von lokalen Anbietern in Anspruch
nehmen werden.

Als Nächstes geben wir einige Beispiele für die Unterschiede
in den Ansätzen und Systemen des Gesundheitswesens. Diese
Erörterung erhebt keinen Anspruch auf Vollständigkeit. Aber
wir hoffen, dass es den Lesern einen allgemeinen Eindruck
davon vermittelt, was Einwanderer wahrscheinlich erleben
werden.

MEDIKAMENTE

Einwanderer werden wahrscheinlich feststellen, dass die
Gesetze in Bezug auf den Medikamentenkonsum von Land
zu Land unterschiedlich sind. Die Medikamente, die sie in

ihrem Heimatland ohne weiteres kaufen könnten, erfordern möglicherweise ein ärztliches Rezept oder sind in dem Land, in das sie eingewandert sind, nicht ohne weiteres erhältlich. Andere können ganz verboten werden. Einige Beispiele für verbotene Anti-Schmerz-Medikamente in den USA sind Oxyphenbutazon (Handelsnamen Tandearil und Tanderil), Nimesulid (mehrere Handelsnamen einschließlich Acenim), Propoxyphen (Handelsname Darvon) und Nitrofurason (mehrere Handelsnamen einschließlich Amifur).[116] Die US-amerikanische Food and Drug Administration (FDA) hat festgestellt, dass die möglichen negativen Nebenwirkungen den Nutzen dieser Medikamente überwiegen.

Auf der anderen Seite sind einige Medikamente, die in den USA erhältlich sind, an anderen Orten illegal. Zum Beispiel sind Medikamente gegen Aufmerksamkeitsdefizit-/Hyperaktivitätsstörung (z. B. Adderall, Concerta, Ritalin), Schmerzmittel wie Vicodin und Anti-Angst-Benzodiazepine wie Xanax und Valium in Europa nicht erhältlich. Dies bedeutet nicht, dass Menschen, die ein fremdes Land besuchen, auch bei einem längeren Aufenthalt nicht die Medikamente einnehmen können, die sie benötigen und gewohnt sind, bei sich zu haben.

Specialized Academic Instruction (SAI), eine Organisation, die beispielsweise US-Studenten beim Studieren im Ausland unterstützt, gibt die folgenden Empfehlungen ab. Einige davon gelten auch für Zuwanderer. Darüber hinaus müssen Menschen, die durch mehrere Länder reisen, um ihr Ziel zu erreichen, die Gesetze und Verfahren in jedem einzelnen Land berücksichtigen.[117]

1. Bringen Sie einen vollständigen Vorrat der verschreibungspflichtigen Medikamente mit, die Sie wahrscheinlich für

Ihre Zeit in einem anderen Land benötigen. (Lesen Sie jedoch andere Überlegungen unten, um zu sehen, ob dies an dem Ort, an den Sie reisen, legal ist).

2. Hat Ihnen Ihr US-Arzt eine unterschriebene und datierte Notiz in englischer Sprache auf dem Briefkopf seiner Praxis zur Verfügung gestellt, die den Namen des Medikaments (einschließlich des generischen Namens und der Tatsache, dass es sich nicht um ein Betäubungsmittel handelt), Ihren vollständigen Namen, die Menge des Medikaments, das Sie mitbringen, und die Tatsache, dass das Medikament für Ihre Gesundheit notwendig ist (Nennung der spezifischen Erkrankung), enthält? Ohne eine solche Dokumentation können Sie Ihre Medikamente nicht mit nach Europa nehmen. Andere Länder akzeptieren diesen Prozess vielleicht nicht einmal.

3. Bewahren Sie jedes Arzneimittel in der Originalverpackung und in den Originalflaschen auf.

4. Die Verpackung und die Flaschen sollten deutlich gekennzeichnet sein. Auch Ihre Rezepte sollten Sie mitnehmen.

5. Wenn Sie mit dem Flugzeug reisen, bewahren Sie das Medikament in Ihrem Handgepäck und nicht im aufgegebenen Gepäck auf.

6. Wenn Sie ein Medikament in dem Land erhalten, das Sie besuchen, stellen Sie auch sicher, dass es in Ihrem Herkunftsland legal ist, wenn Sie damit zurückkehren.

Ein persönliches Beispiel von Joachim Reimann:

Ein etwas verwandtes Beispiel aus meiner persönlichen Geschichte ist folgendes. Es handelte sich zwar nicht um eine ernsthafte Erkrankung, aber das Beispiel zeigt, was passieren kann, wenn man sich in einem anderen Land

befindet. Ich wurde mit einer Nasenscheidewandver-
krümmung geboren. In diesem Zustand ist die dünne
Wand (Septum) zwischen den Nasengängen nicht zen-
triert. Daher ist ein Nasengang kleiner als der andere.
Dies kann das Atmen durch die Nase erschweren (vor
allem, wenn Sie eine Verstopfung haben). Um mit der
Erkrankung fertig zu werden, verwende ich manchmal
ein nicht verschreibungspflichtiges abschwellendes
Nasenspray. Ich war neugierig, ob es etwas Ähnliches auch in Deutschland gibt und habe mich in den
1990er Jahren auf einer Reise dorthin an eine Apotheke
gewandt. Es gab einige Optionen, wie z. B. Kochsal-
zlösungen, aber sie schienen nicht zufriedenstellend zu
sein. Der Apotheker war jedoch sehr neugierig auf mein
US-Produkt und bat darum, es zu sehen. Er hat dann alle
Wirkstoffe vom Etikett meines Sprays abgeschrieben.
Es stellte sich heraus, dass er als regelmäßiger Teil seines
Berufs im hinteren Teil seines Ladens einige Medikamente mischte. Ich weiß nicht, ob er jemals etwas mit
den Inhaltsstoffen meiner Medikamente gemacht hat.

Mein Kontakt mit dem deutschen Apotheker war
eher aus Neugier als aus einem unmittelbaren Bedürf-
nis nach dem Spray entstanden. Aber die Interaktion
machte deutlich, dass ich mich in einer völlig anderen
Umgebung befand, als ich es gewohnt war. (Ein Wort
der Vorsicht: Einige Nasensprays können bei übermäßi-
gem Gebrauch zur Gewohnheit werden, ein Zustand,
der in der Fachsprache als *Rhinitis medicamentosa*).[118]

Einige der oben genannten Beispiele betreffen Menschen, die
sich vorübergehend in einem Land aufhalten. Sie zeigen, dass

selbst dann der Umgang mit Medikamenten, die man braucht, komplex ist. Für dauerhafte Einwanderer sind die Probleme noch gravierender. Hier sind einige weitere Beispiele, die diesen Punkt verdeutlichen.

Beispiel für spezifische Medikamente: Antibiotika

Antibiotika sind Medikamente, die bakterielle Infektionen behandeln. Sie können das Wachstum und die Vermehrung von Bakterien erschweren oder Bakterien direkt abtöten. Die Entdeckung dieser Behandlung war ein großer Fortschritt in der Medizin. Plötzlich konnten unter anderem tödliche Krankheiten wie Tuberkulose, Pocken, Cholera, Diphtherie, Lungenentzündung, Typhus und Syphilis geheilt werden. Die durchschnittliche Lebenserwartung hat sich vor allem in den Industrieländern erhöht.[119]

Gleichzeitig ist der Einsatz von Antibiotika kompliziert. Es gibt verschiedene Arten von Basismedikamenten. Manche Menschen sind allergisch gegen einen Typ (z. B. Penicillin), können aber problemlos einen anderen einnehmen. Der richtige Einsatz von Antibiotika ist unerlässlich, da sich sonst mehr arzneimittelresistente Bakterien entwickeln können.[120] Infolgedessen werden die Medikamente weniger wirksam (oder in einigen Fällen völlig unwirksam).

Antibiotikaeinsatz in der Welt: Ein Bericht der Weltgesundheitsorganisation (WHO) aus dem Jahr 2018 beschrieb große Unterschiede beim Antibiotikaeinsatz zwischen verschiedenen Ländern. In einigen Ländern nehmen die Menschen wahrscheinlich zu viel Antibiotika ein, während die Menschen an anderen Orten keinen ausreichenden Zugang zu ihnen haben. Zu den Standorten, an denen Antibiotika am häufigsten eingesetzt werden, gehören Nordamerika, Europa und der Nahe Osten. Im

Gegensatz dazu wiesen Länder in Subsahara-Afrika und Teilen Südostasiens einige der niedrigsten Verbrauchsraten auf.[121]

Auch die Raten des Antibiotikaeinsatzes haben sich im Laufe der Zeit verändert. Weltweit sind sie zwischen 2000 und 2018 um 46 % gestiegen. Besonders ausgeprägt war dieser Trend in Ländern mit niedrigem und mittlerem Einkommen. An diesen Standorten stieg die Rate im gleichen Zeitraum um 76 %. Die größten Zuwächse gab es in Nordafrika und dem Nahen Osten (111 %) sowie in Südasien (116 %). Im Gegensatz dazu blieb der Antibiotikaverbrauch in Ländern mit hohem Einkommen zwischen 2000 und 2018 tendenziell stabil.[122]

Auch die Gesetze zum Einsatz von Antibiotika ändern sich von Land zu Land. In Lateinamerika zum Beispiel sind Antibiotika leicht rezeptfrei zu bekommen. In den USA benötigen sie ein Rezept von einem zugelassenen Arzt.

Antibiotikaverbrauch unter Migranten: Muster des Antibiotikakonsums unter Migranten haben große Aufmerksamkeit erregt, da die Menschen auf ihrer Reise in ein neues Land andere soziale Normen und Umgebungen erleben als die lokale Bevölkerung. So könnte die Migrantenbevölkerung über einzigartige Muster des Antibiotikaeinsatzes berichten. Eine in den USA durchgeführte Studie ergab, dass Migranten im Vergleich zur lokalen Bevölkerung mit 17 % höherer Wahrscheinlichkeit Antibiotika von einem Arzt erwarten.[123] Es ist auch berichtet worden, dass lateinamerikanische Einwanderer in den Vereinigten Staaten häufiger nicht verschreibungspflichtige Antibiotika verwenden.[124,125] Sie sind vielleicht daran gewöhnt, Antibiotika rezeptfrei zu bekommen. Wenn sie an der Grenze zwischen den USA und Mexiko leben, gehen sie wahrscheinlich nach Mexiko, um das Medikament zu erhalten. Die Literatur deutet darauf hin, dass sich viele Latinos in den Vereinigten

Staaten auch selbst Antibiotika verschreiben, weil sie finanzielle Hürden haben und nicht glauben, dass solche Medikamente bei der Behandlung von Virusinfektionen helfen.

IMPFSTOFFE

Die COVID-19-Pandemie hat gezeigt, wie wichtig die Prävention von Krankheiten durch Impfstoffe ist. Lokal zugelassene Impfstoffe können von Land zu Land unterschiedlich sein. Während wir dies schreiben, sind in den USA seit einiger Zeit COVID-19-Impfstoffe für Pfizer und Moderna zugelassen. Novavax wurde am 13. Juli 2022 für den Notfall zugelassen.[126] Ursprünglich wurde ein Impfstoff von Johnson & Johnson zugelassen. Aber jetzt gibt es Vorsicht bei der Verwendung dieses Impfstoffs, da er in mehreren Fällen mit der Entwicklung von Blutgerinnseln und schweren Blutungen in Verbindung gebracht wurde.[127]

Nicht jedes Land verwendet von der US-amerikanischen FDA zugelassene Impfstoffe (ausschließlich oder überhaupt). In Australien ist der Impfstoff von AstraZeneca zugelassen, allerdings auf Menschen über 50 Jahre beschränkt. China setzt Sinovac und Sinopharm ein. Russland und Ungarn verwenden einen Impfstoff namens Sputnik V. Russland verwendet auch EpiVacCorona und Covicac. Auch in Brasilien kommt Sinovac zum Einsatz.

Solche Muster verdeutlichen die Komplexität, mit der die Einwanderer konfrontiert sind, wenn sie von Land zu Land ziehen. Einige Impfstoffe haben auch Eigenschaften, die Krankheitserkennungstests in Ländern erschweren, in denen der Impfstoff selten verwendet wird oder nicht bekannt ist. Wie in unserer Einleitung erwähnt, wird der Impfstoff Bacillus Calmette-Guérin (BCG) in einer Vielzahl von Ländern außerhalb der

USA häufig zur Vorbeugung von Tuberkulose eingesetzt. Dazu gehören Mexiko und Mittelamerika. Es kann aber auch zu einer falsch-positiven Reaktion auf einen TB-Hauttest führen.[128]

Die USA haben keine groß angelegte Immunisierung mit BCG durchgeführt, weil Tuberkulose dort relativ selten ist. Stattdessen hat sie sich auf die Erkennung und Behandlung von latenter Tuberkulose verlassen, um die Krankheit unter Kontrolle zu bringen. Daher sind sich Gesundheitssysteme, Arbeitgeber und andere möglicherweise nicht vollständig über die Zusammenhänge zwischen den Impfstoffen und einem falsch positiven TB-Hauttest im Klaren. Dies kann zu Verwirrung führen und zu unnötigen Komplikationen führen, einschließlich solcher, die sich auf die Beschäftigung auswirken.

Nach Angaben der Occupational Safety and Health Administration (OSHA) des US-Arbeitsministeriums müssen Arbeitgeber beispielsweise "allen Arbeitnehmern mit vernünftigerweise zu erwartender beruflicher Exposition eine Bewertung und einen Impfstoff zur Verfügung stellen."[129] Darüber hinaus wird empfohlen, dass Personen in bestimmten Risikoberufen Zugang zu einem regelmäßigen TB-Hauttest haben sollten. Alle Beteiligten müssen daher umfassend über die möglichen falsch positiven Ergebnisse bei einigen Tests informiert werden, insbesondere bei Personen, die in einem anderen Land geboren und aufgewachsen sind.

Impfkampagnen: Wie die meisten von uns während der COVID-19-Pandemie gesehen haben, sind einige Menschen sehr zurückhaltend, sich impfen zu lassen. Es gibt viele Gründe für eine solche "Impfskepsis." In den sozialen Medien werden alle möglichen Gerüchte und Fehlinformationen über Impfungen verbreitet. Einer stellt zum Beispiel die physikalisch unmögliche Behauptung auf, dass Impfstoffe magnetisch machen können.[130] Gleichzeitig können sehr seltene, aber berechtigte Nebenwirkungen auftreten.

Das US Center for Disease Control and Prevention (CDC) beschreibt häufige Nebenwirkungen wie Müdigkeit, Kopfschmerzen, Muskelschmerzen, Schüttelfrost, Fieber und Übelkeit.[131] In der Vergangenheit wurden einige Gruppen in den USA, insbesondere solche aus kulturell, rassisch und sprachlich unterschiedlichen Gruppen, unethischen und schädlichen medizinischen Experimenten unterzogen. Diese Menschen sehen die medizinische Versorgung mit neuen Präventions- und Behandlungsmethoden verständlicherweise mit Argwohn.[132] Eine Studie zeigte beispielsweise, dass die Impfskepsis in der US-Bevölkerung bei schwarzen Amerikanern am höchsten war.[133]

Daher ist es wichtig, dass Impfkampagnen vertrauenswürdige Mitglieder der Gemeinschaft einbeziehen. Eine Möglichkeit besteht darin, Community Health Workers (CHWs), auch Promotoras genannt, zu engagieren. Dabei handelt es sich um lokale Gemeindeleiter mit einigen Kenntnissen im Gesundheitswesen, die Menschen in der Nachbarschaft erreichen und Gemeindemitglieder mit Gesundheitsdienstleistern verbinden können.[134] In unserer Heimatstadt San Diego haben Community *Promotoras* dazu beigetragen, Informationen über den COVID-19-Impfstoff direkt an mexikanische Amerikaner weiterzugeben. Sie haben kostenlose Gesichtsmasken und Flyer über Impfstoffe vor Lebensmittelgeschäften und an Menschen, die sie kennen, verteilt.[135]

Der Wert solcher Beiträge findet international zunehmend Anerkennung.[136] Ab dem 1. Juli 2022 hat beispielsweise das US-amerikanische California Department of Health Care Services seine Pläne für die öffentliche Krankenversicherung

(Medi-Cal) um eine Leistung für Community Health Worker erweitert.[137] Ähnliche Bemühungen wurden in anderen US-Bundesstaaten wie Minnesota, Oregon und Indiana unternommen. Erschwerend kommt hinzu, dass die Impfbemühungen der CHWs von Land zu Land sehr unterschiedlich gehandhabt werden.

> **Ein Beispiel von Dolores:**
>
> Eine unserer langjährigen Freundinnen, die einen beruflichen Hintergrund im öffentlichen Gesundheitswesen hat, ist kürzlich in eine kleine Stadt im Landesinneren Mexikos gezogen. Dort beobachtete sie, wie COVID-19-Impfstoffe verabreicht wurden.
>
> Eines Tages fuhr ein Lastwagen mit einem Lautsprecher auf dem Dach durch die Stadt und forderte die Einwohner auf, sich alle an einem bestimmten Ort zu treffen. Die Menschen in der Stadt befolgten diese Anweisungen und erhielten den Impfstoff. Dann, zu einem späteren Zeitpunkt, kam der Lkw zurück. Es war Zeit für die zweite Dosis. Diese wurde auf die gleiche Weise am gleichen Ort verabreicht. Unser Freund hatte den Eindruck, dass alle in der Stadt geimpft waren.

Dieses Beispiel bedeutet nicht, dass Menschen an verschiedenen Orten, einschließlich Migranten, immun gegen absurde Gerüchte sind, die auf Social-Media-Plattformen verbreitet werden. Einige, die wir gehört haben, beinhalten die Idee, dass injizierte Impfstoffe ein Ortungsgerät enthalten. Das würde wohl fast jeden beunruhigen. Besonders besorgniserregend wäre es jedoch für Einwanderer ohne Papiere, die eine Abschiebung befürchten. Das ist ein Mythos. Eine weitere Desinformation ist, dass Impfstoffe darauf ausgelegt sind, bestimmte

Bevölkerungsgruppen mit niedrigem Einkommen langsam zu töten, um die finanziellen Belastungen zu verringern, die sie für die breitere Gesellschaft verursachen. Für Menschen, die den Medien vertrauen und sich traditionell auf genaue Informationen verlassen haben, kann dies sehr beängstigend sein. Angesichts dieser Art von Problemen ist es immer wichtig, zu recherchieren und vertrauenswürdige Quellen zu finden, bevor Sie einen Impfstoff ablehnen, der Ihr Leben oder das Leben eines geliebten Menschen retten kann.

Dolores' Beispiel verdeutlicht, wie Verfahren in verschiedenen Ländern gehandhabt werden. Impfungen in den USA können selbst in kleineren Gemeinden komplex sein. Manchmal wird ein Computer benötigt, um Termine zu vereinbaren. In unserem Fall war die Eingabe von Krankenversicherungsdaten bei der Terminanmeldung erforderlich, obwohl die Impfung kostenlos war. Wie verhandelt jemand, der keine Computerkenntnisse hat (oder weder lesen noch schreiben kann), mit solchen Systemen? Vielleicht können wir von den Methoden in dieser mexikanischen Kleinstadt lernen, wie man es besser macht.

TRADITIONELLE HEILMETHODEN

Einige Einwanderer kommen aus Kulturen, in denen verschiedene traditionelle und ganzheitliche Heilmethoden angewendet werden. Unsere Berufserfahrung hat gezeigt, dass Einwanderergemeinschaften oft Heiltraditionen mitbringen. Die Anbieter in ihren neuen Ländern müssen daher mit den Ansichten der Einwanderer zu Gesundheit und Heilung vertraut sein. Hier ein paar Beispiele:

Curanderismo ist eine traditionelle Heilpraxis, die ihren Ursprung in Lateinamerika (insbesondere Mexiko) hat. Ein Curandero ist spezialisiert auf Kräuter, Wasser, spirituelle

Ansätze, Massagen, Gebete und andere Methoden zur Behandlung von körperlichen, emotionalen, mentalen und vermeintlichen spirituellen Krankheiten. Curanderismo neigt dazu, indigene und katholische religiöse Elemente zu vermischen.[138] Es wird angenommen, dass Teile des Curanderismo die europäische Medizin des 16. Jahrhunderts widerspiegeln. Obwohl er solche Elemente integriert, ist Curanderismo kein System, das einfach verschiedene Praktiken zusammenwirft. Stattdessen beschreibt Renaldo Malduro sie als eine "kohärente Weltanschauung der Heilung, die tiefe historische Wurzeln hat".[139]

Die ayurvedische Medizin (Ayurveda) ist eine uralte Heilkunst aus Indien, die auch heute noch praktiziert wird. Es verfolgt einen ganzheitlichen Ansatz für die körperliche und geistige Gesundheit. Bei den Behandlungen werden hauptsächlich Kräuter verwendet, aber auch tierische Substanzen, Metalle und Mineralien. Diese werden mit traditionellen Diäten, yogischen Übungen, Meditation, Amuletten und Verbesserungen des Lebensstils kombiniert.[140]

Die traditionelle arabische und islamische Medizin (TAIM) umfasst Kräuter, spirituelle Therapien, Ernährungspraktiken, Körper-Geist-Praktiken und körperliche Manipulationstechniken. Je nach Situation werden diese einzeln oder zusammen eingesetzt. TAIM umfasst chinesische, persische und ayurvedische Praktiken und wird manchmal in Kombination mit moderner Medizin zur Behandlung von Unfruchtbarkeit und anderen Erkrankungen eingesetzt.[141]

Die Traditionelle Chinesische Medizin (TCM) ist eine weitere alte Behandlungsform, die oft Akupunktur, Tai Chi (bei der bestimmte sanfte Bewegungen, geistige Konzentration, Atmung und Entspannung verwendet werden), Massagen, ausgewogene Ernährungsempfehlungen und Kräuter kombinieren. Es wird zur Behandlung von Schmerzen und einer Vielzahl von Krankheiten (z.B. Atemwegserkrankungen) eingesetzt.[142]

Angesichts der Tatsache, dass eindeutige forschungsbasierte Beweise für diese Praktiken begrenzt sind, sind einige westliche Mediziner skeptisch, was die Wirksamkeit dieser Behandlungen angeht. Insgesamt unterstützen die verfügbaren Informationen einige traditionelle Praktiken, warnen aber vor anderen. Zum Beispiel wurde die lateinamerikanische Tradition, *Nopales* (Pfeigenkaktus) zu essen, um den Blutzucker zu regulieren, durch die Forschung unterstützt.[143.144] Ähnliche Ergebnisse wurden für *Karela* (Bittermelone) gefunden, die in asiatischen Kulturen häufig verwendet wird. Ein breiter Überblick über die wissenschaftliche Literatur weist darauf hin, dass traditionelle südasiatische (indische) Arzneimittel bei der Kontrolle von Typ-2-Diabetes wirksam sind.[145] Es gibt auch Hinweise darauf, dass Akupunktur bei der Linderung chronischer Schmerzen hilfreich ist.[146]

Während solche Ergebnisse positiv sind, warnt das Nationale Zentrum für komplementäre und integrative Gesundheit, dass auch Probleme mit der traditionellen Medizin offensichtlich sind. Bei einigen ayurvedischen Präparaten wurde beispielsweise festgestellt, dass sie giftige Mengen an Blei, Quecksilber oder Arsen enthalten. In ähnlicher Weise hat die Forschung zur traditionellen chinesischen Medizin gezeigt, dass einige pflanzliche Produkte Verunreinigungen wie Pestizide und Metalle enthalten, die Krankheiten verursachen können.[140]

Einige der oben beschriebenen Behandlungsansätze sind uralt. Vielen kranken und verzweifelten Menschen haben diese Methoden geholfen. Daher kann die westliche Medizin solche Behandlungen nicht einfach als wertlos abtun. Da einige Behandlungen nützlich sind und andere potenziell gefährlich sein können, ist es wichtig, traditionelle Methoden sorgfältig zu untersuchen und zu lernen, welche funktionieren und welche nicht. Daher sollten die Forschungs- und Praxisgemeinschaften die Mechanismen untersuchen, die dazu führen, dass einige wirksam sind, und diese Ergebnisse dann in ihre allgemeine Wissensbasis aufnehmen. Einige Fachleute haben sich für die Koordinierung von moderner und traditioneller Medizin ausgesprochen, insbesondere in der Primärversorgung.[147] Eine sorgfältige wissenschaftliche Untersuchung spezifischer traditioneller Heilmethoden würde die Durchführbarkeit dieser Idee verbessern.

UMSTÄNDE, DIE DIE PRAXIS DES ANBIETERS BEEINFLUSSEN

In den USA sind die Gesundheitsdienstleister verpflichtet, Methoden zu verwenden, die den "Standard of Care" (Pflegestandard) oder "Standard of Practice" (Praxisstandard) darstellen. Der Praxisstandard für Psychologen in Kalifornien wird beispielsweise definiert als "das Niveau der Fähigkeiten, des Wissens und der Sorgfalt in der Diagnose und Behandlung, das normalerweise von anderen einigermaßen sorgfältigen und umsichtigen Psychologen unter den gleichen oder ähnlichen Umständen zum fraglichen Zeitpunkt besessen und ausgeübt wird".[148] Im Klartext bedeutet dies, dass die Menschen zumindest eine angemessene Behandlung erhalten sollten, unabhängig davon, an welchen Gesundheitsdienstleister sie sich wenden. Das bedeutet nicht, dass Anbieter die größten Experten in einem bestimmten Bereich sein müssen. Sie müssen nur kompetent sein.

Auch andere Länder und Organisationen haben medizinische Standards entwickelt. Im Jahr 2015 veröffentlichte die

Weltgesundheitsorganisation beispielsweise die Global Standards for Quality Healthcare Services for Adolescents (Globale Standards für hochwertige Gesundheitsdienstleistungen für Jugendliche).[149] Viele der acht darin beschriebenen Standards konzentrieren sich auf das, was Gesundheitseinrichtungen tun sollten. Teilweise heißt es aber auch in Standard 4, dass "Gesundheitsdienstleister die technische Kompetenz nachweisen, die erforderlich ist, um Jugendlichen effektive Gesundheitsdienstleistungen anzubieten". Weiter heißt es, dass die Privatsphäre und die Vertraulichkeit der Patienten geschützt werden müssen. Dies ist ein wichtiger Faktor für Menschen, die befürchten, dass ihre Krankheit öffentlich bekannt wird und ihren Ruf schädigt.

Einwanderer, die Zugang zum Gesundheitssystem ihres neuen Landes haben, können manchmal überrascht sein, wie viele und welche Art von Tests sie durchlaufen müssen. Dies ist zum Teil auf die Notwendigkeit zurückzuführen, Erkrankungen, die mit den Symptomen eines Patienten zusammenhängen könnten, zu überprüfen und zumindest auszuschließen. Mit anderen Worten, es geht darum, vorsichtig und gewissenhaft zu sein. Aber einige Ärzte haben auch davor gewarnt, dass diese Praxis, wenn sie zu weit getrieben wird, zu einer "defensiven Medizin" führt. Der Begriff wird verwendet, um eine Situation zu beschreiben, in der Anbieter über einen angemessenen Einsatz von Tests, medizinischen Verfahren, Medikamenten und sogar Krankenhausaufenthalten hinausgehen, um zu vermeiden, wegen Behandlungsfehlern verklagt zu werden. In der Folge steigen die Kosten im Gesundheitswesen und die Patienten können unnötig belastet werden.[150]

Warum sollten sich Anbieter übermäßig um ihre Dienstleistungen kümmern und Tests und Behandlungen anordnen, die nicht wirklich erforderlich sind? Paul Rubin von der *New York Times* stellt fest, dass die USA das klageanfälligste Land der Welt sind. Die Menschen in den USA geben jährlich rund 310 Milliarden Dollar für Gerichtsverfahren aus.[151] Genauer gesagt berichtet Juspoint, dass in den USA jedes Jahr schätzungsweise 85.000 Arzthaftungsklagen eingereicht werden.[152] Es ist daher nicht verwunderlich, dass Ärzte vorsichtig werden.

GESUNDHEIT VON MÜTTERN

Die Gesundheit von Müttern ist ein weiterer Bereich, der sich auf die Erfahrungen und Erwartungen von Migranten auswirkt. Das ist ein komplexes Thema, das ein eigenes Buch füllen könnte. Es folgt ein kurzer Überblick. Wir hoffen, dass es unsere Leser dazu anregt, mehr zu erfahren.

Schwangerschaft, Geburt und die Erziehung eines kleinen Babys können für Einwanderer eine besondere Herausforderung darstellen. Wenn Frauen kurz vor der Abreise aus ihrem Herkunftsland oder auf Reisen schwanger werden, haben sie mit dem Zugang zu medizinischer Hilfe zu kämpfen, der wahrscheinlich begrenzt und in vielen Fällen sporadisch ist. Angesichts der häufigen sexuellen Ausbeutung von migrierenden Frauen können sie auch mit Schwangerschaften konfrontiert werden, die auf ein Trauma zurückzuführen sind.

Kurz gesagt, schwangere Migrantinnen können besonders anfällig für eine Vielzahl von Gesundheitsrisiken sein. Sie können auch einen schlechteren Zugang zu professioneller Versorgung haben (insbesondere im Falle von Einwanderern ohne Papiere) und damit ein höheres Risiko für Komplikationen während der Schwangerschaft.[153] Die Zahl der schwangeren Frauen, die während ihrer Wanderung sterben, ist nicht genau bekannt. Wie bereits erwähnt, ist selbst die Gesamtsterblichkeitsrate von Migranten aufgrund der sehr begrenzten Dokumentation schwer zu berechnen.[154] Meistens kommen konkrete Vorfälle durch die Medien ans Licht, mit Schlagzeilen wie *"Frau und ungeborenes Kind sterben, nachdem Migranten* in einem Lastwagen in der Nähe *der* Grenze zwischen den USA und Mexiko *ausgesetzt wurden."*[155]

Schwere Schwierigkeiten mit der Schwangerschaft während der Migration sind nicht universell. Die Entwicklung ist je nach Einwanderergruppe sehr unterschiedlich. In den USA haben Neuankömmlinge, insbesondere aus Ländern Mittelamerikas, Südamerikas, Südasiens und Subsahara-Afrikas, die größten Probleme.[156]

Darüber hinaus ist die Inanspruchnahme medizinischer Dienstleistungen bei schwangeren Migrantinnen in den USA uneinheitlich. Im Durchschnitt erhalten sie während der Schwangerschaft weniger Betreuung (Schwangerschaftsvorsorge), aber mehr Betreuung bei schwangerschaftsbedingten Problemen nach der Geburt (Wochenbettbetreuung).[157] Der Grund für diese Entwicklung ist nicht ganz klar. Es kann jedoch sein, dass Migrantinnen im Laufe ihrer Schwangerschaft größere Schwierigkeiten haben, eine Betreuung zu finden, die dann intensivere Interventionen nach der Entbindung erfordert. Sicherlich sind mehr Vorableistungen erforderlich, die dazu beitragen, Komplikationen während der Schwangerschaft zu vermeiden.

Ob Migrantinnen im Durchschnitt mehr Probleme mit der Schwangerschaft haben als ihre im Inland geborenen Geschlechtsgenossinnen, ist unklar. Die Forschung ist nicht ganz konsistent und scheint manchmal zu gegenteiligen Schlussfolgerungen zu kommen. Eine Studie zeigte beispielsweise, dass 13 % der für die Studie berücksichtigten Einwanderer tatsächlich weniger Fälle von Säuglingssterblichkeit aufwiesen als die einheimische Bevölkerung. Aber etwa die Hälfte der Frauen in derselben Studie erlebte eine höhere Säuglingssterblichkeitsrate. Die Schlussfolgerung ist, dass die Säuglingssterblichkeit insgesamt ein Problem unter Einwanderern ist. Das Risiko für eine solche Sterblichkeit ist bei Flüchtlingen, nicht-europäischen Migranten nach Europa und im Ausland geborenen Schwarzen in den USA am größten.[158] Diese Bedingungen wirken sich am unmittelbarsten auf Einwanderer aus, die sich in niedrigen sozioökonomischen Verhältnissen befinden. Gleichzeitig müssen die Forscher mehr über die 13 % erfahren, die überdurchschnittliche Überlebensraten bei Säuglingen aufwiesen. Welche Handlungen und Einstellungen von Einwanderern haben zu diesem Ergebnis beigetragen? Ein möglicher Grund, vor allem bei Menschen aus lateinamerikanischen Ländern, ist, dass sie kulturelle Praktiken haben, die die Gesundheit fördern und die Säuglingssterblichkeit senken können (siehe Diskussionen über das "Latino-Paradoxon" weiter unten in diesem Buch).

Trotz unterschiedlicher Informationen ist eines klar: Gesundheitssysteme müssen kulturell stärker auf ihre Patienten abgestimmt sein. Frankie Fair und Kollegen brachten es auf den Punkt: "Es werden neue Modelle der Mutterschaftsfürsorge benötigt, die über die klinische Versorgung hinausgehen und auf die einzigartigen sozioökonomischen und psychosozialen Bedürfnisse von Migrantinnen eingehen."[159]

ZU BERÜCKSICHTIGENDE FRAGEN

In Anbetracht all der vorangegangenen Diskussionen finden Sie im Folgenden einige Fragen, die sich Einwanderer stellen können, bevor sie in ein neues Land auswandern:

1. Habe ich eine Krankheit oder habe ich den Verdacht, dass ich an einer Krankheit leide? Wenn ja, wurden sie von einem Arzt oder einem anderen Gesundheitsdienstleister in meinem Herkunftsland oder während meiner Reise bestätigt?

2. Habe ich hilfreiche Medikamente für diese Erkrankungen bekommen (verschreiben oder nicht)?

3. Werden diese Medikamente in meinem neuen Land verfügbar sein? Wenn ja, muss ich mir ein Rezept ausstellen lassen?

4. Welche anderen hilfreichen Behandlungen, wenn überhaupt, hatte ich in meinem Herkunftsland?

5. Werden die gleichen Behandlungen auch in meinem neuen Land verfügbar sein?

6. Welche Dokumente über meine Gesundheit und eventuelle Medikamente muss ich bei der Migration mitnehmen?

7. Reisen Sie mit Säuglingen oder Kleinkindern? Wenn ja, haben sie medizinische Probleme?

8. Wie verbinde ich mich mit dem Gesundheitssystem in meinem neuen Land?

9. Bin ich krankenversichert? Was muss ich tun, um diese Versicherung zu nutzen oder eine andere abzuschließen, wenn ich in ein neues Land gehe?

10. Einige Länder untersuchen auch auf Vorerkrankungen, bevor sie Einwanderern oder sogar Routinereisenden die Einreise erlauben.[42] Welche Gesetze gelten in dem Land, in das ich auswandern möchte?

BETRIEBSMITTEL

- Weitere Informationen zu den Regeln und Empfehlungen der US-amerikanischen Food and Drug Administration (FDA) für die Einfuhr ausländischer Medikamente in die USA finden Sie unter:

  https://www.fda.gov/consumers/consumer-updates/5-tips-traveling-us-medications

- Teilweise hat die Europäische Kommission eine ähnliche Rolle wie die US-amerikanische FDA, obwohl sie weniger zentralisiert ist als die FDA. Konkret regelt die Europäische Union die Zulassung von Arzneimitteln und Medizinprodukten durch ein System von Agenturen in ihren Mitgliedsstaaten.[160]

- Weitere Informationen zur Zulassung von Medikamenten in der Europäischen Union finden Sie unter:

  https://www.ema.europa.eu/en/about-us/what-we-do/authorisation-medicines

5

KULTUR, EINWANDERUNG UND GESUNDHEIT

U m die Zusammenhänge zwischen Einwanderung, Kultur, Trauma, Gesundheit und den spirituellen Wahrnehmungen rund um das Thema Wellness zu verstehen, müssen wir über eine Reihe verschiedener Faktoren nachdenken. Diese komplexe Mischung wurde in einigen populären Filmen gezeigt. Einer unserer Favoriten, der diese Dynamik illustriert, ist die romantische Komödie "Last Christmas" aus dem Jahr 2019.[161]

Wir werden die Geschichte nicht gans verraten. Doch die Geschichte dreht sich um eine Familie aus dem ehemaligen Jugoslawien, die nach Großbritannien ausgewandert ist. Dort sind sie mit den Herausforderungen von Stress, Diskriminierung, Herzerkrankungen und Traumata konfrontiert, die sich auf mehrere Generationen auswirken. In einer der Szenen des Films gehen zum Beispiel eine Tochter und ihre Mutter zum Arzt. Der Arzt spürt den Kummer der Familie und schlägt der Mutter vor, sich Freunde zu machen. Die Mutter antwortet: "... Alle meine Freunde sind ermordet worden." In einer anderen Szene sprechen zwei Töchter darüber, wie "... Wir haben kein Glück, du und ich. Wir mussten die Opfer unserer Eltern ertragen."

Kurz gesagt, die Betreuung von Einwanderern erfordert ein Verständnis der Akkulturation, wie sich kulturelle Praktiken auf die Gesundheit auswirken und wie gut die Gesundheitssysteme, einschließlich der einzelnen Anbieter, in der Lage sind, die Herangehensweise von Einwanderern an Krankheit und Wohlbefinden zu kennen und zu berücksichtigen. Das sind die Themen für unsere nächste Diskussion.

ÜBERSICHT ÜBER DIE AKKULTURATION

Wenn Einwanderer ein neues Land erreichen, passen sie sich auf vielfältige Weise an die ungewohnten Umstände an. Diese Anpassung wird oft als Akkulturation bezeichnet. Aus der Perspektive des Gesundheitswesens wurde Akkulturation definiert als der "Prozess des Lernens und der Einbeziehung der Werte, Überzeugungen, Sprache, Bräuche und Verhaltensweisen des neuen Landes, in dem Einwanderer und ihre Familien leben, einschließlich Verhaltensweisen, die sich auf die Gesundheit auswirken, wie Ernährungsgewohnheiten, Aktivitätsniveau und Substanzkonsum."[162]

Im Wesentlichen beinhaltet Akkulturation persönliche und soziale Anpassungen, die stattfinden, wenn Gruppen von Individuen mit unterschiedlichen Kulturen in ständigen und direkten Kontakt kommen. Mit anderen Worten, es ist der Zeitpunkt, an dem ein Einwanderer beginnt, sich an die Normen seines Wahlheimatlandes anzupassen. Auf der grundlegendsten Ebene ist es der Prozess des kulturellen Wandels eines Individuums.[163] Aber kulturelle Veränderungen vollziehen sich nicht nur bei Einwanderern. Sie können auch in der einheimischen Kultur eines Landes auftreten, da sie neuen kulturellen Gruppen ausgesetzt ist und von ihnen beeinflusst wird.

Die Akkulturation umfasst viele Aspekte des Lebens. Dazu gehören Grundeinstellungen, Sprachgebrauch, politische Ansichten, wirtschaftlicher Status, persönliche Werte, Ernährungspräferenzen, Arten von Unterhaltung, die Menschen genießen, und welche Bräuche die Menschen pflegen.

Aber Menschen akkulturieren sich nicht nur auf eine Weise. Unser erstes Buch (*Immigrant Concepts*) in dieser Reihe geht detailliert darauf ein, wie dies geschieht.[164] Wir wollen das alles hier nicht wiederholen. Aber ein kurzer Überblick ist wie folgt:

Forscher haben vier grundlegende Wege identifiziert, wie sich Menschen an ein neues Land anpassen.[165] Einige entscheiden sich dafür, die Sprache und Kultur ihres Heimatlandes zu verwerfen, während sie sich an ihre neue Heimat gewöhnen. Dies wird traditionell als Assimilation bezeichnet. Einige entscheiden sich dafür, die Sprache und die Traditionen ihres neuen Landes nicht anzunehmen. Dies kann bedeuten, dass ihre Fähigkeit, sich an sozialen und routinemäßigen täglichen Aktivitäten zu beteiligen, auf ethnische Viertel beschränkt ist, in denen die meisten Menschen die Sprache ihrer Heimatländer sprechen. Wieder andere entscheiden sich dafür, die Sprache und die Bräuche ihrer Wahlheimat zu lernen, behalten aber gleichzeitig die Sprache und die Bräuche ihres Herkunftslandes bei. Folglich können sie an verschiedenen Orten und mit verschiedenen Menschen gut funktionieren. Dies wird oft als bikulturell bezeichnet. Schließlich gibt es einige, die ihre Herkunftskultur nicht vollständig beibehalten und die aus ihrem neuen Land nicht übernehmen. Vielmehr schaffen sie eine neue und einzigartige Kultur.

Die Akkulturation wird von vielen Faktoren beeinflusst. Zum Beispiel neigen jüngere Menschen dazu, eine neue Sprache schneller zu lernen als ihre älteren. Es wirkt sich auch darauf aus, wie Menschen ihr Wohlbefinden sehen und sich an Aktivitäten beteiligen, die wahrscheinlich gesund für sie sind. Hier ein paar Beispiele:

AKKULTURATION UND GESUNDHEIT

Einige Einwanderergruppen sind erstaunlich gesund, auch wenn sie schwierige Reisen hinter sich haben und finanziell nicht gut gestellt sind. Dies wird manchmal als "Einwanderer-Paradoxon" bezeichnet. Es wird angenommen, dass Neuankömmlinge gesünder sind, weil sie eher durch die kulturellen Normen und Traditionen geschützt werden, mit denen sie in ihrem Herkunftsland aufgewachsen sind.

Gesundheitsforscher haben diesen Trend in verschiedenen Teilen der Welt festgestellt. In den USA stellten sie beispielsweise fest, dass Frauen asiatischer und lateinamerikanischer Herkunft tendenziell eine niedrigere Säuglingssterblichkeitsrate, ein höheres Geburtsgewicht, weniger medizinische Diagnosen während der Entbindung und kürzere Krankenhausaufenthalte während der Schwangerschaft/Entbindung aufwiesen als die in den USA geborene Bevölkerung.[166] Ähnliche Tendenzen sind bei einigen Einwanderergruppen in Spanien zu beobachten.[167] Darüber hinaus ernähren sich mexikanisch-amerikanische Einwanderinnen in den USA tendenziell gesünder als Weiße und mexikanisch-amerikanische Frauen, die in den USA geboren wurden.[168]

Kurz gesagt, viele Fälle zeigen, dass Einwanderer eine gesündere Ernährung und gesündere körperliche Routinen haben als ihre im Inland geborenen Kollegen. Aber dann, wenn sie integrierter werden – vor allem im Fall ihrer Kinder – erodieren diese gesunden Verhaltensweisen und werden denen in der adoptierten Gesellschaft, in der sie sich befinden, ähnlicher.[169]

Was könnte für diese Trends verantwortlich sein? Wie wir bereits erwähnt haben, kann der Kontakt mit verarbeiteten und reichlich vorhandenen Lebensmitteln, an die der Körper von Einwanderern nicht gewöhnt ist, Fettleibigkeit und damit eine Vielzahl von damit verbundenen Krankheiten verursachen. Neue Einwanderer, die sich an ihre traditionelle Ernährung halten, haben bessere Chancen, solche Probleme zu vermeiden. Darüber hinaus fühlen sich neue Einwanderer möglicherweise einem höheren Risiko ausgesetzt, sich in ihrer neuen Umgebung mit Krankheiten anzustecken, und sind möglicherweise eher geneigt, einen gesunden Lebensstil beizubehalten.

Eine unserer eigenen Studien zur Tuberkuloseprävention unterstützte einige dieser Ideen.[170] Wir untersuchten die Zusammenhänge zwischen Akkulturation, Geschlecht, Gesundheitsvorstellungen und der Absicht der Menschen, nach solchen Überzeugungen zu handeln, bei mexikanischen Amerikanern. Um dies zu erreichen, haben wir das etablierte Health Belief Model (HBM) angewendet, das die Wahrnehmung der Menschen in Bezug auf Folgendes berücksichtigt:

1. dass eine bestimmte Krankheit schwerwiegend ist,
2. dass sie Gefahr laufen, sich anzustecken,
3. welche Barrieren für die Versorgung ihrer Meinung nach bestehen und andere Faktoren.[171]

Wie wir vorhergesagt hatten, ergab unsere Studie, dass weniger akkulturierte mexikanische Amerikaner Tuberkulose als eine ernstere Krankheit ansahen und glaubten, dass sie einem größeren Risiko ausgesetzt waren, sich anzustecken, als ihre stärker akkulturierten Kollegen. Aus diesem Grund schenkten sie den Informationen zur Vorbeugung von Tuberkulose mehr Aufmerksamkeit. Bemerkenswert ist, dass diese Gruppe auch angab, dass sie wahrscheinlich auf mehr Hindernisse für eine gute Versorgung stoßen wird. Insgesamt waren Frauen tendenziell gesundheitsbewusster als Männer. Hochgradig akkulturierte Männer äußerten sich am seltensten besorgt über Tuberkulose oder handelten danach.

Trotz der positiven Trends, die im "Einwanderer-Paradoxon" festgestellt werden, kann die Akkulturation stressig sein. Das Erlernen einer neuen Sprache ist eine Herausforderung, vor allem im Alter. Darüber hinaus werden Einwanderer, die sich in Bezug auf Hautfarbe, Kleidung, Religion, Akzente und andere Merkmale von vielen ihrer im Inland geborenen Altersgenossen unterscheiden, diskriminiert.[172]

Einige Einwanderer machen sich auch Sorgen über die Auswirkungen der politischen Umstände, einschließlich der Veränderungen dieser Umstände zwischen ihrem Herkunftsland und ihrer neuen Heimat. Dies kann beeinflussen, wie die im Inland geborene Bevölkerung ihres neuen Landes sie sieht und darauf reagiert. Schließlich machen sich Migranten, die aus ihrem Herkunftsland fliehen mussten, oft Sorgen um Freunde und Familienmitglieder, die sie zurückgelassen haben und die möglicherweise noch in Gefahr sind.

Akkulturationsstress wurde daher als häufiges Problem festgestellt. Dies kann sich negativ auf die Gesundheit auswirken, sowohl in Bezug auf die Förderung von Krankheiten als auch auf die Einschränkung des Zugangs zu medizinischer Versorgung. Eine Studie fand zum Beispiel Zusammenhänge zwischen solchem Stress und Besuchen in der Notaufnahme wegen Asthma, Schlaflosigkeit und allgemeinem schlechten Gesundheitszustand.[173]

Hat das Immigranten-Paradoxon einen Einfluss auf die Folgen von COVID-19? Die Informationen zu dieser Frage sind noch begrenzt. Die Lebenserwartung der Latinos war im Laufe der Pandemie gesunken. Eine Studie, die diese Zahlen im Zusammenhang mit dem Immigranten-Paradoxon untersuchte, stellte fest, dass Latinos durchweg eine geringere Sterblichkeit hatten als Nicht-Latino-Weiße. Das war nach wie vor so. Aber im Durchschnitt sank die Überlebensrate um zwei Jahre. Dies war jedoch immer noch ein Jahr besser als die durchschnittliche Überlebensrate von Nicht-Latino-Weißen.[174] Kurz gesagt, die Pandemie hatte die positiven Faktoren, die üblicherweise unter dem Begriff "Einwanderungsparadoxon" zusammengefasst werden, ausgehöhlt, aber nicht vollständig eliminiert.

KULTURELL KOMPETENTER WERDEN

All diese Beispiele zeigen, dass die Gesundheitssysteme kompetenter werden müssen, wenn es darum geht, Migranten zu verstehen und zu behandeln. Dies erfordert die Berücksichtigung individueller (Patient-Anbieter), familiärer, organisatorischer, nationaler und internationaler Faktoren.

Um Einzelpersonen und Organisationen Richtlinien an die Hand zu geben, hat das US Department of Health and Human Services, Office of Minority Health, National Standards for Culturally and Linguistically Appropriate Services (CLAS) entwickelt.[175] Viele US-Unternehmen und Kommunalverwaltungen nutzen diese Standards, um ihre Dienstleistungen zu verbessern und zu überprüfen, wie effektiv diese Bemühungen sind.

Darüber hinaus haben professionelle Agenturen Standards für kulturelle Kompetenzen entwickelt. Die US-amerikanische National Association of Social Workers (NASW) zum Beispiel zitiert Standards, die sich auf die Ethik und die Werte eines Praktikers konzentrieren. Dazu gehören:

1. Selbsterkenntnis in Bezug auf kulturelle Themen,
2. interkulturelle Kenntnisse und Fähigkeiten,

3. kulturell wirksame Ansätze zur Leistungserbringung,

4. Aktivitäten, die Kunden befähigen und sich für sie einsetzen, sowie solche, die zum Aufbau einer vielfältigen Belegschaft beitragen,

5. fließende Beherrschung einer zweiten Sprache oder Kenntnisse darüber, wie Dolmetscherdienste am besten in Anspruch genommen werden können, auch für Menschen mit Hörbehinderungen, und

6. Führungsstärke bei der Förderung der kulturellen Kompetenz am Arbeitsplatz und in den Gemeinden.[176]

Die vollständigen Normen finden Sie online unter: https://www.socialworkers.org/Practice/NASW-Practice-Standards-Guidelines/Standards-and-Indicators-for-Cultural-Competence-in-Social-Work-Practice

Andere US-Organisationen, die Leitlinien für kulturelle Kompetenz im Gesundheitswesen anbieten, sind die American Hospital Association (AHA)[177], die American Medical Association (AMA)[178] und die Centers for Disease Control and Prevention (CDC).[179]

Akademiker haben eine Reihe von Modellen entwickelt, die die Einstellungen und Verhaltensweisen widerspiegeln, die wir berücksichtigen müssen, um kulturelle Kompetenz vollständig zu verstehen. Auf einer grundlegenden Ebene kann man sagen, dass Kultur ein Muster von sozialen Normen, Verhaltensweisen, Institutionen und Überzeugungen widerspiegelt, das für eine Gruppe von Menschen spezifisch ist. Individualität bedeutet, dass wir alle unterschiedlich sind. Universelle Merkmale spiegeln diejenigen wider, die allen bekannten menschlichen Kulturen weltweit gemeinsam sind. Dies wird manchmal als anthropologische Universalität bezeichnet. Mit anderen

Worten, es geht darum, wie alle Menschen gleich sind (z.B. dass alle Menschen irgendeine Form von Sprache verwenden, dass wir Musik hören, dass wir Kunst schaffen). Kultur, wie sie in diesem Buch diskutiert wird, ist die Art und Weise, wie einige von uns ähnlich sind. Mit anderen Worten, einige von uns teilen bestimmte Werte und Praktiken. Dabei berücksichtigen wir, dass sich nicht alle Menschen mit einem bestimmten kulturellen Hintergrund an die Normen halten, die ihrer Gruppe gemeinhin zugeschrieben werden. Tatsächlich sind Menschen aus einer bestimmten Gruppe oder Nationalität oft sehr unterschiedlich. Wir werden später darauf eingehen, was das bedeutet, wenn Anbieter und andere Pflegekräfte mit ihren Patienten interagieren.

Einige Modelle kultureller Kompetenz sind recht komplex. Das Purnell-Modell berücksichtigt beispielsweise, wie die globale Gesellschaft, Gemeinschaften, Familien und das Individuum Schwangerschaft, Ernährung, risikoreiche Verhaltensweisen wie Drogen- und Tabakkonsum, Spiritualität, Gesundheitspraktiken und viele andere Aspekte unseres Lebens beeinflussen. Es beschreibt auch Stadien und Arten kultureller Inkompetenz und Kompetenz.[180] Das Modell, das hier mit Erlaubnis von Dr. Purnell vorgestellt wird, lautet wie folgt:

Purnells Modell

Modell der kulturellen Kompetenz nach Larry Purnell (1998) für Tätige im Gesundheitswesens

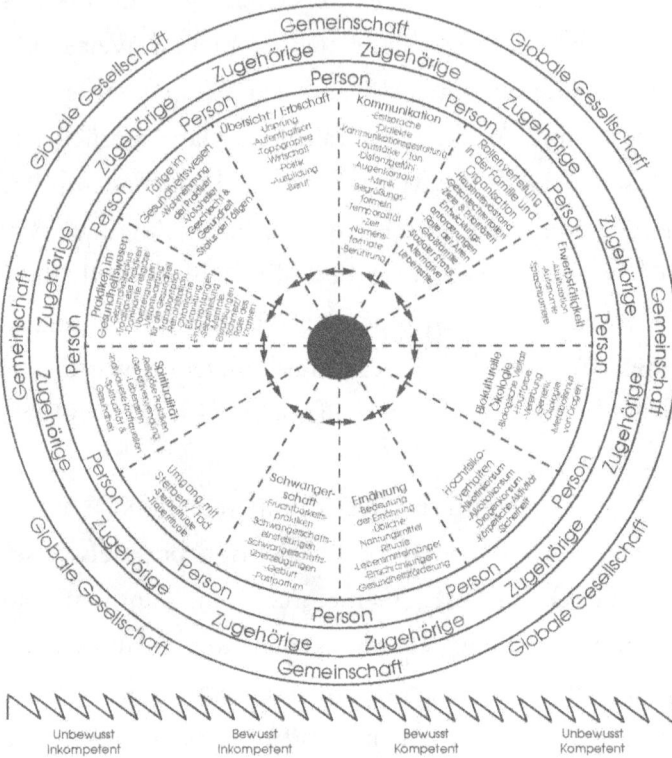

| Unbewusst Inkompetent | Bewusst Inkompetent | Bewusst Kompetent | Unbewusst Kompetent |

Andere Modelle konzentrieren sich direkter auf die Gesundheitsversorgung. Die vielen Arten, kulturelle Kompetenz zu betrachten, haben alle ihren Nutzen.[181] In diesem Buch konzentrieren wir uns auf direkte Interaktionen zwischen Anbietern und Patienten, welche Schritte Organisationen unternehmen können, um kompetente Maßnahmen zu fördern, und auf globale Probleme, die sich auf das Gesundheitswesen auswirken.

INDIVIDUELLES NIVEAU

Wie werden einzelne Leistungserbringer im Gesundheitswesen kulturell kompetenter? Unsere Recherchen lieferten einige

Antworten. Es wurde untersucht, welche Einstellungen und Umstände kulturell kompetentes Handeln von Ärzten ermöglichten, die mexikanische Amerikaner behandelten.

Von den Faktoren, die wir berücksichtigten, waren nur (1) die Anerkennung der Bedeutung der Patientenkultur im Gesundheitswesen und (2) das Verständnis des Potenzials für voreingenommene Ansichten direkt mit der kulturellen Kompetenz eines Arztes verbunden. Darüber hinaus ist die praktische Ausbildung, die Ärzte erhalten, wichtig. Mexikanische Amerikaner in der klinischen Praxis zu sehen, garantierte keine Wirksamkeit bei dieser kulturellen Gruppe. Aber es war hilfreich, ein formelleres Praktikum oder eine Erfahrung in einer Gemeinschaftsklinik zu haben, in der die Anbieter Unterstützung und Supervision erhalten, während sie mit kulturell und sprachlich unterschiedlichen Bevölkerungsgruppen arbeiten.[182] Im Rahmen der Forschung wurde ein Modell entwickelt, das hier vorgestellt wird. Sie ist nicht rein theoretisch, sondern wurde durch statistische Analysen verifiziert. Obwohl unsere Forschung nur eine bestimmte kulturelle Gruppe und Krankheit untersuchte, glauben wir, dass sie auch auf viele verschiedene Situationen anwendbar ist.

Was sagt kulturell kompetentes Handeln voraus?

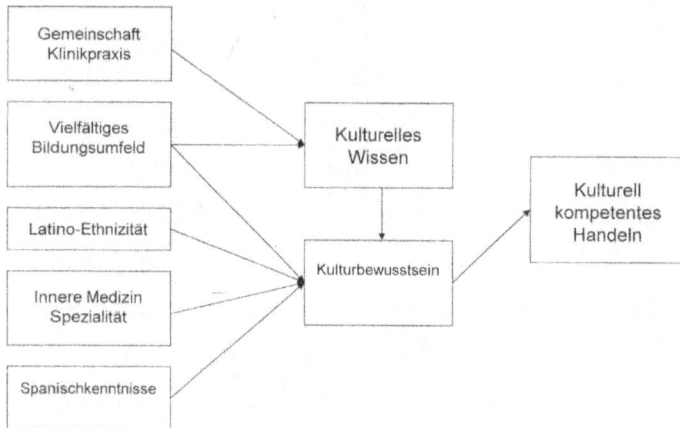

Reimann JO, Talavera GA, Salmon M, Nuñez J, Velasquez RJ. (2004) Cultural competence among physicians treating Mexican Americans who have diabetes: A structural model. *Social Science & Medicine, 59,* 2195-2205.

Hier sind einige weitere Überlegungen für die Arbeit von Gesundheitsdienstleistern mit kulturell unterschiedlichen Patienten.

Autorität auf konstruktive Weise nutzen: Ärzte werden in den meisten Gesellschaften als einflussreiche Autoritäten angesehen. Dazu gehört eine Vielzahl kulturell und sprachlich unterschiedlicher Gruppen. Eine solche Plattform gibt Ärzten die Möglichkeit, Patienten auf bestimmte Behandlungen und diagnostische Verfahren hinzuweisen. Sie können aber auch Gesundheitsaufklärung anbieten, die den Patienten als vollwertigen Partner in die Dienstleistungen einbindet. Eine Studie, an der Joachim arbeitete, untersuchte zum Beispiel Patienten, die in eine kommunale Klinik kamen, die sich in Sichtweite der Grenze zwischen den USA und Mexiko befindet. Die Studie fragte diese Patienten, was sie dazu veranlasst hatte, sich einer Darmkrebsvorsorge zu unterziehen. Die einflussreichsten Aufforderungen waren, dass ihr Arzt ein solches Screening mit ihnen besprochen hatte und dass sie nun mehr Wissen über Krebs hatten. Die Sorge, dass es ihnen allgemein schlecht geht und dass sie eine Versicherung haben, trugen ebenfalls zu ihrer Entscheidung bei.[183]

Sprach- und Dolmetscherdienste: Für Anbieter ist es wichtig, Details über Dolmetscher zu wissen. Handelt es sich um Berufstätige oder Familienmitglieder? Kennen die professionellen Dolmetscher die regionalen Dialekte der Menschen, mit denen wir zusammenarbeiten? Professionelle Dolmetscher verwenden zwei Hauptansätze. Manche versuchen, ihre eigene Persönlichkeit so weit wie möglich aus dem Prozess herauszuhalten. Andere fungieren auch als Kulturvermittler. Letzteres klärt die spezifische Bedeutung und den Kontext dessen, was ein Patient sagt, wenn der Anbieter mit diesen Zusammenhängen nicht vertraut ist. Dies kann besonders in Notfallsituationen wichtig sein, in denen sofort klare Informationen unerlässlich sind.[184]

> **Beispiel von Joachim Reimann:**
>
> Mein Vater, Dr. Bernhard Reimann, hat einen Großteil seiner Karriere in einem Krankenhaus der US-Armee gearbeitet. Die Anlage befand sich neben einem Militärstützpunkt, auf dem Elemente der Bundeswehr ausgebildet wurden. Als deutscher Einwanderer verstand mein Vater natürlich die Sprache dieser Soldaten. Eines späten Abends erhielt er einen Notruf aus der Einrichtung. Ein deutscher Soldat war ins Krankenhaus gebracht worden und schien verzweifelt zu sein, um dem Personal etwas Wichtiges mitzuteilen. Da kein anderer Deutschsprecher zur Verfügung stand, fuhr mein Vater in Rekordzeit ins Krankenhaus. Als er ankam, fragte er

den Soldaten, was er sagen wollte. Die Antwort lautete: *"Ich muss schiffen."* Dies ist ein umgangssprachlicher Ausdruck, der übersetzt "Ich muss wirklich urinieren" bedeutet.

Alle lachten, auch der Soldat (sobald er auf die Toilette konnte). Aber die Situation hätte durchaus schlimmer sein können, wenn der Patient etwas Kritischeres zu sagen gehabt hätte und der verfügbare Dolmetscher keine Umgangssprache kannte. (Die wörtliche Übersetzung des Ausdrucks des Lotes lautet: "Ich muss versenden.") Ich weiß nicht, warum der Soldat ins Krankenhaus gegangen ist. Vermutlich litt er an einer schweren Erkrankung, die eine sofortige Behandlung erforderte. So wie ich es verstehe, war mein Vater in der Lage, weitere Übersetzungen zu liefern, die bei der Diagnose und Behandlung halfen.

Die CLAS-Standards erkennen an, dass manchmal, wenn ein Dolmetscher benötigt wird, erwachsene Verwandte die beste oder einzige praktikable Option sind. Die CLAS-Standards weisen jedoch auch ausdrücklich darauf hin, dass es nie eine gute Idee ist, Kinder oder Jugendliche in der Rolle des Dolmetschers einzusetzen. Offensichtlich müssen Kinder nicht die intimen Details über den Gesundheitszustand ihrer Verwandten kennen. Das dürfte sowohl für sie als auch für die Erwachsenen der Familie peinlich sein. Kinder sind auch emotional und intellektuell nicht reif genug, um die Verantwortung für die Interpretation zu übernehmen.

Ernährungsgewohnheiten: Es ist nicht verwunderlich, dass das, was wir essen, einen erheblichen Einfluss auf unsere Gesundheit hat. Aber wie wir bereits erwähnt haben, variieren bestimmte Ernährungsweisen von Kultur zu Kultur. In vielen Ländern sind Lebensmittel und Nahrungsergänzungsmittel ein wichtiger Bestandteil der traditionellen Heilung. Um die Wirksamkeit der Behandlung zu maximieren, ist es wichtig, dass Gesundheitsdienstleister alle Substanzen kennen, einschließlich der homöopathischen, die ein Patient einnimmt.

Wie Probleme beschrieben werden: Einige Symptome können entweder physische oder psychische Ursachen (oder beides) haben. Menschen, die zum Beispiel eine Panikattacke haben, neigen zu erhöhter Herzfrequenz, Brustschmerzen, Schwindel, Schwitzen und Atemproblemen, die sich wie ein Herzinfarkt anfühlen können.

Wenn ein Patient solche Symptome hat, ist es wichtig, zuerst die körperlichen Ursachen zu berücksichtigen. Aber Ärzte müssen auch wissen, dass es in einigen Kulturen als angemessener angesehen wird, körperliche als emotionale Probleme anzuerkennen.[185]

Emotionale Störungen können als persönliche Schwäche und damit als beschämend angesehen werden, sowohl von der Person, die sie erlebt (Selbststigmatisierung), als auch von anderen (öffentliches Stigma). Die Annahme, dass die emotionalen Probleme einer Person persönliche Defizite implizieren, kann auch ein schlechtes Licht auf die gesamte Familie der Person werfen. So wird vermieden, psychische Probleme anzuerkennen und darüber zu sprechen.[186] Wir vermuten, dass es nur wenige Menschen gibt, die psychische Probleme gerne anerkennen. Aber die kulturellen Tabus gegen solche Eingeständnisse sind in einigen traditionellen asiatischen, lateinamerikanischen und afrikanischen Gesellschaften besonders stark.[187,188,189]

In einigen Fällen wird emotionaler Stress nur als normaler Teil des Lebens angesehen, im Gegensatz zu einer bekannten und behandelbaren Erkrankung. Daher ist es sinnvoll, dass Gesundheitsdienstleister, die Patienten zum ersten Mal behandeln, über kulturelle Einstellungen Bescheid wissen, Symptome im Zusammenhang mit psychischer Gesundheit untersuchen und gegebenenfalls an einen Spezialisten überweisen. In unserer klinischen Erfahrung mit kulturell und sprachlich unterschiedlichen Gruppen stellen sich Einwanderer oft mit Kopfschmerzen und anderen körperlichen Symptomen dar. Aber sie sind in der Regel in der Lage, psychologische Symptome anzuerkennen, wenn sie in einer sicheren und vertraulichen Umgebung danach gefragt werden.

Berücksichtigen Sie Körpersprache und Sprache: Viele soziale Praktiken variieren von Kultur zu Kultur. Ständiger Blickkontakt wird zum Beispiel in den USA als Zeichen von Interesse, Ehrlichkeit und Engagement angesehen. Im Gegensatz dazu wird direkter Blickkontakt in einigen asiatischen Ländern wie Japan, Südkorea und China als Zeichen von Aggression und Respektlosigkeit angesehen.[190] Angesichts dieser sehr unterschiedlichen Reaktionen sind Fehler wahrscheinlich, wenn sich die Anbieter der kulturellen Nuancen nicht bewusst sind.

Gesten haben auch in verschiedenen Kulturen unterschiedliche Bedeutungen. Den Zeigefinger nach oben zu krümmen, bedeutet in den USA und Europa in der Regel "näher kommen". Aber in vielen asiatischen Ländern gilt es als unhöflich und etwas, das man nur mit Hunden macht. Wir verstehen, dass eine solche Geste auf den Philippinen so inakzeptabel ist, dass Menschen verhaftet werden können.

Anbieter sollten sich auch der kulturellen Unterschiede bewusst sein, wie laut Menschen sprechen, wie angeregt sie in Gesprächen sind und wie nahe sie einer anderen Person kommen. Was als aggressives und unhöfliches Eindringen in den persönlichen Raum angesehen wird, kann in einer anderen Kultur völlig normal sein.

> **Beispiel von Joachim Reimann:**
>
> Es ist zwar gut, sich der kulturellen Traditionen bewusst zu sein, aber es ist auch wichtig zu verstehen, dass es in jeder Kultur eine große Vielfalt gibt. Dies basiert auf individuellen Unterschieden, Akkulturation und einer Vielzahl anderer Faktoren. In meiner Praxis habe ich gelernt, dass muslimische Frauen, insbesondere solche aus dem Nahen Osten, in der Regel niemandem vom anderen Geschlecht die Hand geben. Körperkontakt wird als zu vertraut angesehen. Vielmehr legen sie die Hand vor die Brust und lächeln höflich. Deshalb strecke ich meine Hand nicht zum Gruß oder zum Abschied aus. Aber es gab Fälle, in denen eine Frau, selbst in traditioneller muslimischer Kleidung, ihre Hand ausstreckte und sie dort liegen ließ, bis ich sie nahm, auch wenn ich gezögert habe, dies zu tun. Es kann durchaus ein Zeichen des Respekts sein, das sagt: "Ich akkulturiere und respektiere deine Traditionen." Ich strecke meine Hand immer noch nicht aus, wenn es um muslimische Frauen geht. Aber ich bin nicht überrascht, wenn sie sich an mich wenden und sich an ihre Handlungen anpassen.

Familiendynamik: Familienrollen neigen dazu, sich mit Einwanderung und Akkulturation zu verändern. Kinder, die in der Regel schneller eine neue Sprache lernen als Erwachsene, können von Familienmitgliedern gebeten werden, für sie zu dolmetschen. Wie bereits erwähnt, stellt diese Verantwortung eine Belastung für Jugendliche dar, für die sie entwicklungstechnisch nicht bereit sind. Im Gesundheitswesen ist es wahrscheinlich unangemessen, sich über die Krankengeschichte eines Elternteils oder anderer Verwandter und aktuelle Sorgen zu informieren. Eine Familie kann in eine Gesundheitseinrichtung kommen und erwarten, dass ihr minderjähriges Kind für sie übersetzt. Das ist wahrscheinlich die Art und Weise, wie die Familie Dinge an anderen Orten macht, wie z.B. im Lebensmittelgeschäft. Im Gesundheitswesen ist es jedoch am besten, wenn die Einrichtung entweder einen Anbieter hat, der die Sprache der Familie spricht, oder professionelle Dolmetscherdienste in Anspruch nimmt. In gerichtsmedizinischen Einrichtungen in den USA, in denen Gutachten und andere Aufzeichnungen vor Gericht eine Rolle spielen, ist es oft erforderlich, dass der Dolmetscher formell als zertifizierter medizinischer Dolmetscher ausgebildet ist. Weitere Informationen zu diesem Thema finden Sie hier: https://www.ncihc.org/certification

Sozioökonomischer Status: Ähnlich wie die Familiendynamik kann sich auch der sozioökonomische Status durch Migration zum Schlechteren verändern. Plötzlich verrichtet ein Arzt, Anwalt oder ein anderer Fachmann ungelernte Arbeit. Das kann einige Anpassungen erfordern und sich wahrscheinlich auf den finanziellen Zugang zur Gesundheitsversorgung auswirken.

Geschlecht: Es ist oft wichtig, einen Anbieter zu finden, der dem Geschlecht eines Patienten entspricht (z. B. wenn der Patient aufgefordert wird, sich auszuziehen). Während Dies gilt wahrscheinlich unabhängig von der Kultur, es kann unter Umständen besondere religiöse oder soziale Tabus beinhalten. Besonders bemerkenswert ist, dass Frauen, die eine erzwungene Migration erlebt haben, allzu oft in ihrem Heimatland oder auf ihrer Reise an einen neuen Ort vergewaltigt oder anderweitig sexuell ausgebeutet wurden. Vor einem Fremden aufgefordert zu werden, sich auszuziehen oder ihm von körperlichen Problemen erzählen zu müssen, kann für Frauen mit dieser Art von Traumageschichte besonders schwierig sein.

Individuelle Unterschiede anerkennen und respektieren: Beschäftigte und Leistungserbringer im Gesundheitswesen werden sicherlich ermutigt, sich über die Normen zu informieren, die verschiedene Kulturen vertreten. Aber die gängige medizinische Ermahnung, dass "der Patient ein Fall von einem" (mit anderen Worten, ein Individuum ist) gilt immer noch. Wenn Anbieter ihr Verständnis kultureller Normen als Hintergrundinformationen nutzen, aber auch daran denken, dass Individuen innerhalb einer Gruppe sehr unterschiedlich sind, können sie am effektivsten sein. Andernfalls laufen sie Gefahr, ein weiteres Stereotyp zu entwickeln.

Menschen über Dienstleistungen informieren: Wie informieren Anbieter die Menschen über verfügbare Dienste? Welche Methoden funktionieren am besten, wenn wir versuchen, eine Gemeinschaft durch Öffentlichkeitsarbeit und Aufklärung zu informieren? Die Menschen wissen zu lassen, dass die Behandlung sicher und vertraulich ist, ist wichtig, um Menschen mit Gesundheitsdienstleistern zusammenzubringen. Anbieter von Einzel- oder Kleinpraxen werden sich wahrscheinlich in gewisser Weise engagieren müssen. Es ist auch wichtig, Mitarbeiter zu haben, die die Sprache der Gemeinschaft sprechen. Größere Unternehmen werden vor zusätzlichen Herausforderungen stehen. Diese werden in unserem nächsten Abschnitt behandelt.

Organisatorische Ebene:

Kulturell wirksame Gesundheitsdienstleistungen hängen nicht nur von einzelnen Anbietern ab. Organisationen, Kliniken und Krankenhäuser müssen auch ein unterstützendes Umfeld bieten, in dem solche Dienstleistungen gedeihen können. Zu den Fragen, die sich Organisationsadministratoren stellen können, gehören:

1. Verfüge ich über professionelle Schulungsdienste, die meine Anbieter und Supportmitarbeiter schulen und betreuen? Es ist besonders wichtig zu beachten, dass die Support-Mitarbeiter eine wesentliche Rolle bei der Schaffung einer einladenden Umgebung spielen. Sie sind oft die ersten, die mit Patienten in Kontakt kommen und geben damit den Ton für eine Organisation an. Der komfortable Patient ist eher bereit, produktive Interaktionen mit seinen Anbietern zu haben. Umgekehrt wurde in einer unserer Studien die "schlechte Behandlung durch die Rezeptionistin" als eines von neun Hauptproblemen genannt, die den Zugang zur Gesundheitsversorgung einschränken.[191]

2. Habe ich Zugang zu professionellen Dolmetschern, die die Sprachen (einschließlich regionaler Dialekte) abdecken, die meine Organisation benötigt, um unserer Gemeinschaft zu dienen?

3. Kennt meine Organisation die spezifische Sprache, die eine Community spricht?

Ein Beispiel von Joachim Reimann:

Vor einigen Jahren habe ich mit einer älteren somalischen Patientin gearbeitet. Er hatte schriftliche Unterlagen in englischer Sprache über eine Änderung seiner Versicherungsleistungen erhalten, die für ihn (oder für mich) keinen Sinn ergaben. Mit seinem Einverständnis kontaktierte ich die zuständige Stelle, um das Problem zu lösen. Ich erklärte die Situation und es wurde eine Telefonkonferenz anberaumt. Um meine Patientin, die am Telefon teilnehmen würde, voll bei der Stange zu halten, bat ich um Dolmetscherdienste. (Wir konnten uns in der Behandlung gut miteinander unterhalten. Aber er war nicht in der Lage, komplexere und technischere Gespräche zu verstehen.) Vor dem Anruf erzählte mir der Organisator des Treffens stolz, dass er nach langem Suchen die Dienste eines *samoanischen* Dolmetschers in Anspruch nehmen konnte . Letztendlich konnten wir das Problem lösen. Aber es zeigt, wie etwas schief gehen kann.

4. Verfügt meine Organisation über schriftliche Materialien in verschiedenen Sprachen? Kenne ich den Alphabetisierungsgrad, der in den Gemeinden, in denen ich tätig bin, häufig zu finden ist? Unsere eigene Arbeit mit der lokalen somalischen Flüchtlingsgemeinschaft zeigt beispielsweise, dass viele Menschen, die wir sehen, nicht lesen und schreiben können. Darüber hinaus stammt die somalische Sprache aus einer mündlichen Tradition, in der die Schreibweise einiger Wörter noch nicht vollständig entwickelt ist. Folglich sind schriftliche Informationen für einige Menschen in dieser Gemeinschaft von geringem Nutzen.

5. Sind meine Richtlinien zur Personalrekrutierung und -bindung wirksam, um eine qualifizierte Belegschaft zu schaffen, die die Gemeinschaft widerspiegelt, der sie dient?

6. Sind meine Anbieter bereit und in der Lage, die Versorgung mit traditionellen Heilern zu koordinieren, wenn dies angebracht ist?

7. Verfügt meine Organisation über praktikable Methoden, um die Behandlungsergebnisse und die Patientenzufriedenheit zu überprüfen, damit Probleme erkannt und Verbesserungen vorgenommen werden können?[192]

Darüber hinaus haben einige Gesundheitsorganisationen kulturell abgestimmte Programme entwickelt, die Menschen bei der Bewältigung chronischer Krankheiten helfen. Ein Beispiel sind von Pflegekräften geleitete Diabetes-Versorgungsprogramme, bei denen Patienten an Bildungsaktivitäten teilnehmen und lernen, für sich selbst zu sorgen. Ihr Gesundheitszustand wird weiterhin regelmäßig überwacht. Sie werden aber auch unabhängiger.[107],[193] Es ist wichtig, in solchen Programmen sowohl das emotionale als auch das körperliche Wohlbefinden anzusprechen.[108]

Internationale Ebene

Die Länder und Regionen unserer Welt sind zunehmend durch Handel (einschließlich multinationaler Konzerne), politische Allianzen und viele andere Faktoren miteinander verbunden. Dies hat die Notwendigkeit dessen unterstrichen, was als globale Kompetenz bezeichnet wurde.[194]

Im Kern besteht globale Kompetenz aus bestimmten Werten, Einstellungen, Handlungen und Fähigkeiten.[195] In der Praxis umfasst dies die Beherrschung von zwei oder mehr Sprachen, das Bewusstsein für die Unterschiede zwischen den Kulturen, das Verständnis für unterschiedliche Perspektiven und die Fähigkeit, in interkulturellen und internationalen Situationen professionell zu arbeiten. Wir möchten hinzufügen, dass eine solche Kompetenz auch das Verständnis erfordert, dass es eine große Vielfalt innerhalb der Kulturen gibt. Wie bereits erwähnt, ist der Grad, in dem sich Menschen aus einer bestimmten Gemeinschaft an die durchschnittlichen "kulturellen Normen" dieser Gruppe halten, sehr unterschiedlich.

Angesichts dieser Trends betonen Ärzte und andere Angehörige der Gesundheitsberufe zunehmend die Bedeutung von Kompetenz im Bereich der globalen Gesundheit. Das bedeutet, die Gesundheit in allen Ländern zu verstehen, Bevölkerungsgruppen, die migrieren, Vertreibung aufgrund des Klimawandels, weltweite Wirtschaftsbeziehungen, die Reisen und damit eine mögliche Übertragung von Krankheiten erleichtern, wie eine solche Übertragung überwacht werden kann, damit neu auftretende Krankheiten frühzeitig in ihrer Entwicklung behandelt werden können, und andere Faktoren. Globale Kompetenz im Gesundheitswesen erfordert viele Disziplinen, damit Ärzte und andere Beschäftigte im Gesundheitswesen einander verstehen und auf ein gemeinsames Ziel hinarbeiten können: bessere Dienstleistungen und Unterstützung. Dies erfordert die Zusammenarbeit und Koordination zwischen epidemiologischen, kulturellen, finanziellen, ökologischen, ethnischen, politischen, gesundheitlichen und rechtlichen Bereichen. Spezifische Bereiche wie medizinische Anthropologie, Psychologie, Soziologie, Medizin, Biostatistik und andere können alle einen wichtigen Beitrag leisten.[196],[197] Eine solche Koordination kann möglicherweise die Tatsache anerkennen und effektiv verhandeln, dass wir in einer vernetzten Welt leben, in der Gesundheit und Wohlbefinden globale und nicht länderspezifische Fragen sind.[198]

WEGBESCHREIBUNG

Während Forscher und Kliniker einiges über kulturell kompetente Pflege gelernt haben, müssen Angehörige der Gesundheitsberufe viel mehr über dieses Thema verstehen.

Wie können wir unser Wissen darüber erweitern, wie wir Serviceansätze auf internationaler Ebene kulturell wirksamer gestalten können?

Bedarfsanalysen: Eine Möglichkeit besteht darin, über unsere Methoden zur Durchführung von Forschung nachzudenken. Traditionell verwendet die Gesundheitsforschung einen Ansatz, der Daten (Zahlen) generiert. Diese können wir dann in formale statistische Analysen einfließen lassen. Aber diese Methode setzt voraus, dass wir die richtigen Fragen im Voraus kennen. Was passiert bei Populationen, für die es wenig Forschung gibt? Hier sind einige Ideen:

Im Laufe unserer Karriere haben wir uns für Bedarfsanalysen eingesetzt, die verschiedene Arten von Informationen berücksichtigen. Dazu gehören Gemeinde- und Glaubenszeitungen, kulturell ausgerichtete Websites und Interviews mit Menschen, die mit bestimmten Bevölkerungsgruppen arbeiten.[199] Viele traditionelle Akademiker haben diese Quellen nicht einbezogen, weil sie nicht wissenschaftlich begutachtet und akzeptiert wurden. Solche Quellen können in der Tat voreingenommene Absichten haben. Unserer Erfahrung nach haben sie aber auch Einblicke in legitime Einstellungen, Bedürfnisse, Sorgen und Wahrnehmungen der Gemeinschaft gebracht, wenn wir sie offen, aber sorgfältig betrachten.

Bei der eigentlichen Bedarfsanalyse haben wir einen sogenannten Mixed-Methods-Ansatz verwendet.[200] Erstens gewinnen wir Wissen über eine Gemeinschaft durch strukturierte, aber ergebnisoffene Gespräche mit ihren Mitgliedern. Diese Informationen identifizieren dann spezifische Fragen, die spätere Studien mit quantitativen Methoden (z. B. Fragebögen, die statistisch ausgewertet werden können) stellen müssen.[199]

Bedarfsanalysen sollen Veränderungen herbeiführen, die die Gesundheitsversorgung für verschiedene Gemeinschaften verbessern. Während eines unserer Projekte haben wir uns die Schritte vorgestellt, die zu einer solchen Veränderung führen können.[191] Die Grafik lautet wie folgt:

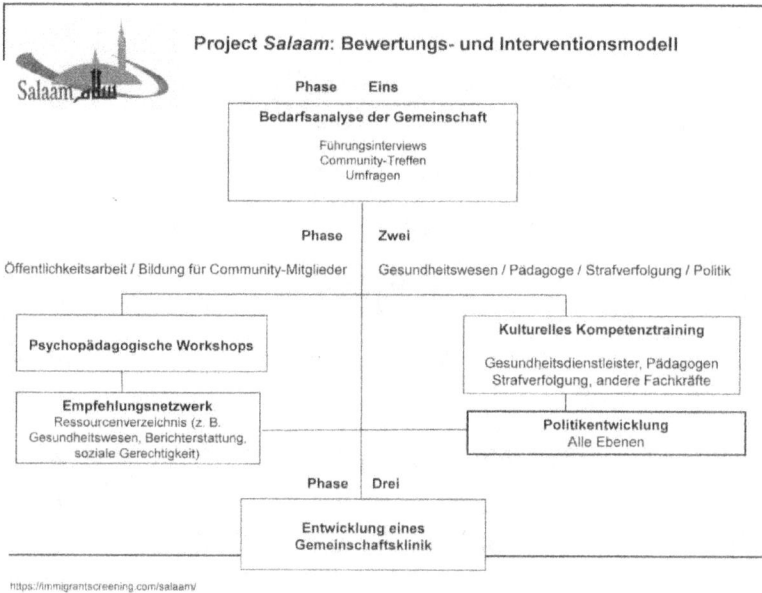

Project *Salaam*: Bewertungs- und Interventionsmodell

Salaam

Phase   Eins

Bedarfsanalyse der Gemeinschaft

Führungsinterviews
Community-Treffen
Umfragen

Phase   Zwei

Öffentlichkeitsarbeit / Bildung für Community-Mitglieder | Gesundheitswesen / Pädagoge / Strafverfolgung / Politik

Psychopädagogische Workshops

Kulturelles Kompetenztraining

Gesundheitsdienstleister, Pädagogen
Strafverfolgung, andere Fachkräfte

Empfehlungsnetzwerk
Ressourcenverzeichnis (z. B.
Gesundheitswesen, Berichterstattung,
soziale Gerechtigkeit)

Politikentwicklung
Alle Ebenen

Phase   Drei

**Entwicklung eines
Gemeinschaftsklinik**

https://immigrantscreening.com/salaam/

Die Ergebnisse der Bedarfsanalyse führen zur "zweiten Phase". Dies soll die Gemeinschaft über Gesundheitsdienstleistungen aufklären und ihnen ein Überweisungsnetzwerk von Anbietern bieten, von denen bekannt ist, dass sie ihre spezifische Kultur und ihre gemeinsamen Einwanderungserfahrungen verstehen. Es schult auch Gesundheitsdienstleister, Pädagogen, Strafverfolgungsbeamte und andere, die häufig mit einer Gemeinschaft in Kontakt kommen, in Bezug auf kulturell kompetente Ansätze.

Eine mögliche "Phase 3" beinhaltet die Gründung einer kommunalen Klinik, die über besondere Expertise in Bezug auf eine

Einwandererbevölkerung verfügt. Diese Idee birgt potenzielle Risiken und Vorteile. Ein Risiko besteht darin, dass andere Gesundheitssysteme entscheiden, dass eine bestimmte Bevölkerungsgruppe ausschließlich von der spezialisierten Klinik versorgt wird. Diese Selbstgefälligkeit kann dazu führen, dass man sich weniger bemüht, die Gemeinschaft zu verstehen und kompetent zu werden. Eine solche Klinik kann aber auch als Best-Practice-Modell dienen, dem andere nacheifern. Hier ist ein Beispiel.

Kombination von Forschung und Behandlung: Eine der Einrichtungen, von denen wir glauben, dass sie als guter Gesundheitsansatz ist das Access Community Health & Research Center in Dearborn, Michigan, USA.[201] Das Zentrum verbindet gemeindebasierte Behandlung mit Forschung und verfügt über besondere Expertise in der Betreuung arabischer Amerikaner. Für die Forschungskomponente arbeitet es mit Universitäten zusammen. Darüber hinaus integriert es die psychische, allgemeine, zahnärztliche, ökologische und öffentliche Gesundheit in ein zusammenhängendes System. Die Forscher testen das System dann auf verschiedene Weise, und das Zentrum nutzt die Forschungsergebnisse, um seine Dienstleistungen zu verbessern. Dies ist kein einmaliges Ereignis, sondern ein fortlaufender Prozess, der die Effektivität der Organisation kontinuierlich verfeinert.

Internationale Zusammenarbeit

Die COVID-19-Pandemie hat uns deutlich gezeigt, dass die Welt einen besseren Weg braucht, um neu auftretende ansteckende Krankheiten zu verstehen, zu verfolgen und einzugreifen. Die Geschichte hat uns auch gelehrt, dass COVID-19 nicht die letzte Pandemie sein wird. Im Juli 2022 erklärte die Weltgesundheitsorganisation beispielsweise, dass die Ausbreitung einer Viruserkrankung namens Affenpocken (Mpox) ein globaler Gesundheitsnotstand sei.[202] Bis heute ist nicht bekannt, dass Mpox so tödlich oder leicht zu verbreiten ist wie COVID-19. Aber seine Ausbreitung macht uns auf den anhaltenden und zunehmenden Bedarf an internationaler Koordination und Zuweisung von Ressourcen im Gesundheitswesen aufmerksam. Gegen Ende des Jahres 2022 stellte die Weltgesundheitsorganisation auch fest, dass sich die Influenza in mehreren Ländern ausgebreitet hat, insbesondere in der nördlichen Hemisphäre der Erde. Dies unterstreicht einmal mehr die anhaltende Notwendigkeit einer globalen Zusammenarbeit in den Bereichen Gesundheit und Krankheit.

Eine Sorge ist, ob die Länder über die personellen Kapazitäten und die Infrastruktur verfügen, um neu auftretende Krankheiten zu verhindern und zu behandeln. Ein ausreichendes Angebot an medizinischem Personal ist ein wichtiges Element in diesem Prozess. Ein Mangel an medizinischem Personal in bestimmten Ländern ist nichts Neues. Der Mangel an Pflegekräften trug beispielsweise zur Entwicklung des US-amerikanischen Austauschbesucherprogramms bei, das ab den 1960er Jahren im Wesentlichen Krankenschwestern von den Philippinen importierte.[203] Das Programm ist nicht auf die Krankenpflege beschränkt und wird fortgesetzt, während wir dieses Buch schreiben. Neben Krankenschwestern und Krankenpflegern sind Austausch-Besuchervisa für Ärzte, Professoren, Forschungswissenschaftler, Studenten, Auszubildende, Praktikanten und Personen in anderen Klassifikationen erhältlich.

Solche Initiativen sind zwar hilfreich, aber der Prozess, dass Zeugnisse im Gesundheitswesen international anerkannt werden, ist immer noch alles andere als einfach. Manchmal ist es sogar schwierig, sich in einem einzigen Land über Staatsgrenzen hinweg zu bewegen. Wir wissen zum Beispiel, dass es einfacher wäre, unsere US-kalifornische Psychologielizenz nach Neuseeland zu übertragen, als sie auf viele andere Bundesstaaten innerhalb der USA zu übertragen. Das ist ein offensichtliches und bizarres Problem. Solche Barrieren sind nicht auf die USA beschränkt. Einige Länder unternehmen jedoch auch besondere Anstrengungen, um Gesundheitsfachkräfte auf der ganzen Welt zu rekrutieren.

> **Beispiel von Dolores Rodríguez-Reimann:**
>
> Kürzlich berichteten uns unsere Kontakte in Tijuana, Mexiko, dass sie auf deutsche Unternehmen gestoßen seien, die dort Gesundheitspersonal rekrutierten. Wir waren neugierig und haben den Bericht weiterverfolgt. Tatsächlich zeigten die Informationen, die wir fanden, dass Gesundheitseinrichtungen wie die Berliner Charité – Universitätsmedizin Berlin, eine der größten und renommiertesten Einrichtungen Europas, mexikanische Krankenschwestern und Pfleger rekrutiert hatten, die nun in deutschen Einrichtungen arbeiteten.[204]
>
> Auslöser für diese Bemühungen ist ein langfristiger, erheblicher und anhaltender Pflegenotstand in Deutschland. Es gibt Bestrebungen, die Akzeptanz von im Ausland ausgebildeten Pflegekräften zu erleichtern.[205] Aber die Probleme gehen weiter. So wurde Thomas Krakau, Pflegedienstleiter einer Klinikgruppe, mit den Worten zitiert, dass ein landesweites System für die Anerkennung ausländischer Zeugnisse entwickelt werden müsse. Er äußerte zudem die Sorge, dass die deutschen Bundesländer ihre eigenen Verfahren haben, die die

Anwerbung ausländischer Arbeitskräfte erschweren und administrative Ressourcen verschwenden.

Glücklicherweise hat uns die COVID-19-Pandemie gezeigt, dass traditionelle Barrieren, die ausländische Beschäftigte im Gesundheitswesen daran hindern, ihren Beruf in einem neuen Land auszuüben, überwunden werden können. Ausgelöst durch die Pandemie haben viele Länder die Beschränkungen für im Ausland ausgebildetes und im Ausland geborenes Gesundheitspersonal in Ländern mit hohem Einkommen gelockert, um die Krise besser bewältigen zu können. In einigen Berichten hieß es, dass Mitarbeiter des Gesundheitswesens sogar aus Übersee in schwer betroffene Länder geflogen wurden (z.B. wurden chinesische, kubanische und albanische Ärzte nach Italien geschickt). Geflüchtete Ärztinnen und Ärzte ohne lokale Approbation wurden in Deutschland einberufen. Bei einigen wurde die Einwanderung im Vereinigten Königreich beschleunigt. In den Vereinigten Staaten erlaubte New York City im Ausland ausgebildeten Ärzten die Arbeit. Wir haben nichts gesehen, was darauf hindeutet, dass diese Anbieter weniger kompetent sind als ihre lokalen Pendants. Wenn überhaupt, hat UPI berichtet, dass in den USA im Ausland ausgebildete Ärzte seltener verklagt werden als diejenigen, die ihre Abschlüsse von medizinischen Fakultäten in den USA erhalten haben.[206]

Es liegt auf der Hand, dass die Regierungen die weltweite Verfügbarkeit von medizinischem Fachpersonal durch gegenseitige Ausbildungsvereinbarungen zwischen den Nationen erhöhen müssen. Dies würde es den Universitäten ermöglichen, den Anbietern die spezifischen Bedürfnisse und Gegebenheiten von mehr als einem Land zu vermitteln. Ein solches Modell stellt die Global Skills Partnership vor.[207] Dieser Ansatz richtet sich an eine Vielzahl von Berufen, einschließlich des Gesundheitswesens. Es ermöglicht die Verteilung von Arbeitskräften dort, wo sie am dringendsten benötigt werden. Die Länder schließen sich zusammen, um integrierte Technologien und Finanzierungen bereitzustellen. Im Dezember 2018 haben 163 Staaten den Globalen Pakt für Migration verabschiedet. Globale Qualifikationspartnerschaften sind die einzige spezifische politische Idee, die in dieser Vereinbarung enthalten ist. Insgesamt umfasst die Partnerschaft 6 Hauptdimensionen. Diese sind:

1. Es befasst sich mit dem zukünftigen Migrationsdruck (z. B. Integration ausländischer Fachkräfte in die Aufnahmeländer). Zu einem solchen Migrationsdruck gehören wahrscheinlich auch Pandemien und andere Herausforderungen für die Gesundheitssysteme. In den Plänen können auch Wege aufgezeigt werden, wie die daraus resultierende Abwanderung von Fachkräften in den Herkunftsländern verringert werden kann.

2. Es bezieht Arbeitgeber in den Gast- und Herkunftsländern ein, die bestimmte Fähigkeiten identifizieren und trainieren. Dies verbessert die allgemeine Lernkurve des Gesundheitspersonals und beschleunigt ihren Zugang zu den bedürftigsten Bevölkerungsgruppen.

3. Sie kann öffentlich-private Partnerschaften bilden, um Menschen effektiv für angelernte Berufe (z. B. Pflegekräfte) auszubilden, für die kein Hochschulabschluss erforderlich ist.

4. Es kann die Fähigkeiten der Mitarbeiter erstellen oder verbessern, bevor die Mitarbeiter migrieren.

5. Es kann die Ausbildung von Migranten mit der Ausbildung von Nicht-Migranten im Heimatland verbinden. Dieser Prozess geht zwar auf unterschiedliche Bedürfnisse ein, kann aber auch ein breiteres Lernen zwischen beiden Gruppen fördern.

6. Sie kann die Flexibilität verbessern, so dass die Kompetenzen im Idealfall an die spezifischen Bedürfnisse des Heimat- und Gastlandes angepasst werden.

Diese Bemühungen stellen den Beginn eines fortlaufenden Prozesses dar. Um erfolgreich zu sein, müssen Regierungen und Berufsverbände lang gehegte Ideen, Richtlinien und Gesetze überdenken. So schlimm Notfälle im Gesundheitswesen auch sind, sie bringen die Schwächen der aktuellen Gesundheitssysteme und -vorschriften ans Licht und deuten auf einen Ruf nach Veränderung und damit auf mögliche Verbesserungen hin.

Sicherlich müssen Angehörige der Gesundheitsberufe bestimmte akademische und klinische Standards erfüllen, um die Gesundheit und Sicherheit der Patienten zu gewährleisten. Aber wir können nicht mehr davon ausgehen, dass Anbieter, nur weil sie im Ausland einen Abschluss gemacht haben, unzureichend ausgebildet und qualifiziert sind. Ihre Fähigkeiten können getestet werden, sollten aber nicht automatisch abgetan werden. Wenn sie kompetent sind, können ihre internationalen Erfahrungen, einschließlich ihrer Sprachkenntnisse, die Fähigkeit von Einwanderergemeinschaften verbessern, eine erstklassige Versorgung zu erhalten.

Darüber hinaus müssen Informationen über neu auftretende Infektionskrankheiten länderübergreifend in Echtzeit ausgetauscht werden. Dies trägt dazu bei, menschliches Leid auf der ganzen Welt zu lindern.

Die Aufklärung der Gemeinschaft durch die verantwortungsvolle Nutzung traditioneller und sozialer Medien ist ein wirksames Instrument zur Begrenzung der Auswirkungen von Pandemien.[208] Die Verbreitung genauer Informationen über Krankheiten und Möglichkeiten, sie zu verhindern, hat das Potenzial, Verhaltensweisen zu ändern, die die Gesundheit fördern.[209] Dies erfordert jedoch eine Aufklärung der Öffentlichkeit, in Bezug auf die vertrauenswürdigen Medien.

EPILOG

Wie wir in unseren Büchern in dieser Reihe gesagt haben, ist es unser Ziel, Informationen bereitzustellen und zu erklären, die über die Welt der akademischen Forschung und Theorie hinaus nicht weit verbreitet sind.

Wir haben auch darauf hingewiesen, dass Einwanderer aus Entwicklungs- oder Kriegsländern anfälliger für bestimmte Krankheiten und Leiden sind. Gleichzeitig bringen sie oft gesunde Gewohnheiten mit, die ihnen in ihrer neuen Umgebung gute Dienste leisten. Insgesamt kommen Forscher des Center for Humanitarian Health an der Johns Hopkins School of Public Health zu dem Schluss, dass Migranten in der Regel mehr zu ihrer Wahlheimat beitragen, als sie kosten.[65] Dies wurde zuletzt durch ihre Arbeit an vorderster Front im Kampf gegen die COVID-19-Pandemie deutlich.

Anstatt uns Sorgen zu machen, dass Einwanderer Krankheiten mit sich bringen, können wir so die Vorteile anerkennen, die sie bieten. Zu diesem Thema wurde Dr. Paul Spiegel von der Johns Hopkins University mit den Worten zitiert: "Es sind nicht die Migranten oder die Migration selbst, die Krankheiten verbreiten. Es können die Situationen, in denen sie sich befinden, und der mangelnde Zugang zu medizinischer Grundversorgung die Situation verschlimmern."

In diesem Buch identifizieren wir die Bedürfnisse und Probleme im Gesundheitswesen, die einige Einwanderergruppen betreffen können. Aber vielleicht noch wichtiger ist, dass wir versuchen, Lösungen anzubieten, die den Beitrag, den Einwanderer leisten können, maximieren und gleichzeitig die Not verringern, mit der sie konfrontiert sind.

Unsere eigenen Familien- und persönlichen Geschichten veranschaulichen die häufigen Verbindungen zwischen Gesundheitsversorgung und Einwanderung, die sich über Generationen erstrecken können. Joachims Vater, ein Einwanderer aus Deutschland, war ein Biologe mit medizinischer Ausbildung, der über zwanzig Jahre lang in einem US-Krankenhaus arbeitete. Dort war er einer der ersten, der Tests mit einem Elektronenmikroskop anwandte, um Patienten zu diagnostizieren. Im Laufe der Zeit hat sich diese Praxis etabliert.[210] Nach seiner Pensionierung schuf Joachims Vater ein auf Biologie basierendes System für sauberes Wasser, das dazu beitrug, das Krankheitsrisiko in einer kleinen ländlichen Gemeinde zu verringern. Er war auch maßgeblich daran beteiligt, eine verbesserte 911-Notrufnummer in seiner Gemeinde einzuführen. Joachims Mutter war Medizintechnikerin.

Einer von Dolores' Großvätern lernte in Mexiko viele Heiltraditionen und nutzte sie, um anderen zu helfen, als er in die USA auswanderte. Dolores' Mutter arbeitete über zehn Jahre in einem Pflegeheim. Diese Beispiele haben uns dazu inspiriert, Psychologen und Public-Health-Forscher zu werden.

Wir vermuten, dass solche Traditionen alles andere als einzigartig sind. Variationen unserer Geschichte wiederholen sich in vielen Einwandererfamilien. Sie sind auch nicht auf das Gesundheitswesen beschränkt.

Viele Traditionen, auch im Gesundheitswesen, sind tief verwurzelt. Sie zu ändern, dürfte schwierig sein und beharrliches Eintreten erfordern. Aber Einzelpersonen, Gesundheitssysteme,

gemeindebasierte Hilfsorganisationen und internationale Nichtregierungsorganisationen (NGOs) können helfen. Nichtregierungsorganisationen zum Beispiel haben sich in der Vergangenheit für eine Reihe von sozialen Themen eingesetzt. Dazu
gehört auch die Möglichkeit, verschiedene soziale Medien und
andere Technologien zu nutzen, um die Menschen zu informieren.[211] Einige von ihnen haben sich speziell auf die Gesundheit
konzentriert.[212] Wir hoffen, dass diese Bemühungen fortgesetzt
werden. Wir hoffen auch, dass unsere Bücher einige der Dinge
aufzeigen, die wir tun können, um die gesundheitlichen Bedürfnisse von Einwanderern besser zu verstehen und die Dienstleistungen zum Besseren zu verändern.

GLOSSAR

Akkulturation wird im Allgemeinen als kulturelle Modifikation und Anpassung eines Individuums, einer Gruppe oder eines Volkes durch das Erlernen und Integrieren von Eigenschaften und Normen aus einer anderen Kultur definiert. Akkulturation ist kein Einheitskonzept, da sie viele Formen annehmen kann.

Akkulturation Stress bezieht sich auf die psychologischen Herausforderungen, die mit der Anpassung an eine neue Kultur verbunden sind. Dieser Stress kann besonders dann erheblich sein, wenn die Akkulturation große Veränderungen im Leben mit sich bringt, wie z. B. das Erlernen einer neuen Sprache, einen reduzierten sozioökonomischen Status, Diskriminierung in einem neuen Land usw. Akkulturationsstress wurde in der Internationalen Klassifikation der Krankheiten, Zehnte Revision, (ICD-10) und im Diagnostic and Statistical Manual of Mental Disorders, Fifth Edition (DSM-5) als klinischer Problembereich anerkannt.

Darüber hinaus kann sich Akkulturationsstress negativ auf die körperliche Gesundheit und das Wohlbefinden auswirken und wurde mit Besuchen in der Notaufnahme wegen Problemen wie Asthma, Schlaflosigkeit und allgemeinem Gesundheitsgefühl in Verbindung gebracht.

Anogenitale Verletzungen (AGI) sind Verletzungen der männlichen oder weiblichen Geschlechtsorgane, manchmal durch Vergewaltigung und andere sexuelle Gewalt. Die meisten, aber nicht alle dieser Verletzungen befinden sich außerhalb des Körpers. Einige erfordern eine Operation.

Antibiotika sind Medikamente, die bakterielle Infektionen behandeln. Sie können das Wachstum und die Vermehrung von Bakterien erschweren und Bakterien direkt abtöten. Es gibt mehrere Gruppen von Antibiotika. Dies ist wichtig zu wissen, da manche Menschen gegen ein bestimmtes Antibiotikum (z. B. Penicillin) allergisch sind, aber problemlos ein anderes Antibiotikum einnehmen können. Die gebräuchlichsten Antibiotika sind Amoxicillin und Amoxicillin/Clavulansäure. Die Weltgesundheitsorganisation betrachtet sie als Erst- oder Zweitlinienbehandlung. Breitbandantibiotika (eine weitere Klassifikation der Medikamentenfamilie) sind bei der Behandlung einer Vielzahl von bakteriellen Infektionen nützlich. Diese können aber auch die Wahrscheinlichkeit erhöhen, dass sich arzneimittelresistente Bakterien entwickeln. Schließlich gibt es eine "Reserve"-Gruppe von Antibiotika, die zur Behandlung bestimmter Infektionen entwickelt wurden, bei denen arzneimittelresistente Bakterien dazu geführt haben, dass häufiger verwendete Medikamente unwirksam geworden sind. Antibiotika behandeln keine Virusinfektionen (obwohl Ärzte Ihnen ein Antibiotikum geben können, wenn Sie eine Virusinfektion haben, weil sie nicht wollen, dass sich eine sekundäre bakterielle Infektion entwickelt). Die richtige Anwendung von Antibiotika ist unerlässlich, da sich sonst mehr arzneimittelresistente Bakterien entwickeln können. Damit berauben wir uns eines wichtigen Instruments im Kampf gegen schwere und manchmal lebensbedrohliche Krankheiten wie Tuberkulose. Es ist besonders wichtig, dass die Patienten alle Antibiotika einnehmen, die ihr Arzt verschrieben hat, auch wenn sie sich besser fühlen.

Arbeitsunfälle sind solche, die durch einen Arbeitsunfall verursacht werden oder die mit der Art der Arbeit zusammenhängen, die jemand ausführt. Sie können physisch, psychisch oder eine Kombination aus beidem sein. Zum Beispiel kann ein Arbeitnehmer, der Opfer eines Gewaltverbrechens wurde, sowohl eine körperliche Verletzung als auch ein psychisches Trauma erleiden. In einigen Fällen kann ein Arbeitsunfall auch ein medizinisches Problem verschlimmern, das der verletzte Arbeitnehmer vor einem Arbeitsunfall oder Stressfaktor hatte.

Autoimmunerkrankungen sind solche, bei denen das körpereigene Immunsystem im Wesentlichen versehentlich gesundes Körpergewebe zerstört. Beispiele hierfür sind rheumatoide und andere Formen von Arthritis sowie Multiple Sklerose.

Ayurveda ist eine Heilkunst aus Indien. Es verwendet einen ganzheitlichen Ansatz, der Kräuter, aus Tieren gewonnene Substanzen, Metalle und Mineralien umfasst. Diese werden mit traditionellen Diäten, yogischen Übungen, Meditation, Amuletten und Verbesserungen des Lebensstils kombiniert.

Die Corona-Virus-Krankheit (COVID-19) ist eine Infektionskrankheit, die durch das SARS-CoV-2-Virus verursacht wird. Es ist bekannt, dass es besonders die Lunge beeinträchtigt, aber auch andere Körperteile schädigen kann. Das Virus kann sich aus dem Mund oder der Nase einer infizierten Person in kleinen Flüssigkeitspartikeln durch Husten, Niesen, Sprechen, Singen oder Atmen verbreiten.

Die meisten COVID-19-Infektionen führen zu leichten bis mittelschweren Symptomen. Aber einige Menschen werden schwer krank, müssen ins Krankenhaus eingeliefert werden und können sogar sterben. Ältere Menschen und Menschen mit Erkrankungen wie Herz-Kreislauf-Erkrankungen, Diabetes, chronischen Atemwegserkrankungen oder Krebs sind am stärksten gefährdet, schwer zu erkranken. Aber jeder kann an COVID-19 erkranken und sogar sterben, unabhängig von Alter oder Krankengeschichte.

Curanderismo ist eine traditionelle Heilpraxis, die ihren Ursprung in Lateinamerika (insbesondere Mexiko) hat. Ein Curandero ist spezialisiert auf Kräuter, Wasser und spirituelle Ansätze, Massagen, Gebete und andere Methoden zur Behandlung von körperlichen, emotionalen, mentalen und vermeintlichen spirituellen Krankheiten. Der Curanderismo neigt dazu, einheimische und katholische religiöse Elemente zu vermischen. Es wird angenommen, dass Teile dieser Praxis die europäische Medizin des 16. Jahrhunderts widerspiegeln.

Ernährungsunsicherheit bezieht sich auf die begrenzte oder unsichere Verfügbarkeit angemessener und sicherer Lebensmittel. Ein Mangel an angemessener Nahrung kann zu einer Reihe schwerwiegender medizinischer, psychologischer und entwicklungsbedingter Erkrankungen führen.[213] Weitere Informationen zur Ernährungsunsicherheit finden Sie unter: https://www.healthaffairs.org/doi/epdf/10.1377/hlthaff.2015.1257

Der Geist-Körper-Dualismus vertritt den Standpunkt, dass geistige Phänomene nicht physisch sind oder dass Geist und Körper verschieden und getrennt sind. Es wurde von vielen Philosophen diskutiert, ist aber besonders mit René Descartes verbunden.

Globale Erwärmung bezieht sich auf den Anstieg der Oberflächentemperaturen der Erde im Laufe der Zeit. Es wurde sowohl mit "natürlichen" Ereignissen (wie z.B. Vulkanausbrüchen) als auch mit menschlichen Aktivitäten in Verbindung gebracht. Zu den Ursachen, die mit unserer menschlichen Bevölkerung zusammenhängen, gehören die kommerzielle Abholzung von Wäldern, die Emissionen von Kraftfahrzeugen (Kohlendioxid und andere Giftstoffe), Fluorchlorkohlenwasserstoffe, die allgemeine industrielle Entwicklung, landwirtschaftliche Praktiken, die Kohlendioxid und Methangas erzeugen, und die allgemeine Überbevölkerung.

Globale Gesundheit ist eine Disziplin, die Aspekte der öffentlichen Gesundheit, der Tropenmedizin und vieler anderer Disziplinen umfasst. Ihr Hauptziel ist es, den gleichberechtigten Zugang zur Gesundheit für alle Menschen auf unserem Planeten zu verbessern, indem globale Gesundheitsprobleme und -lösungen durch die weltweite Zusammenarbeit von Menschen, Organisationen und Regierungen angegangen werden.

Globale Kompetenz bezieht sich auf eine Kombination von Wissen, Fähigkeiten und anderen Fähigkeiten, die es Menschen ermöglicht, interkulturelle und internationale Herausforderungen erfolgreich zu meistern.

Menschen, die global und kulturell kompetent sind, beherrschen mindestens zwei Sprachen, sind sich der Unterschiede und Gemeinsamkeiten bewusst, die zwischen Kulturen bestehen, verstehen die Vielfalt, die innerhalb von Kulturen existiert, verstehen unterschiedliche Perspektiven und können in interkulturellen und internationalen Situationen auf professioneller Ebene funktionieren. Weitere Informationen zur globalen Kompetenz finden Sie unter: https://www.girlbossmath.com/uploads/1/1/7/5/117585876/nea_global_imperative.pdf

Das Health Belief Model (HBM) ist ein soziales/psychologisches Konstrukt, das versucht, gesundheitsbezogene Handlungen zu erklären und vorherzusagen. Das HBM legt nahe, dass die Überzeugungen der Menschen über Gesundheitsprobleme, den wahrgenommenen Nutzen des Handelns, die Hindernisse für ein solches Handeln und die Selbstwirksamkeit erklären, warum sie sich an gesunden Verhaltensweisen beteiligen oder nicht. Unsere Forschung hat ergeben, dass die verschiedenen Teile des HBM alle wichtig sind. Aber wie sie sich verbinden und miteinander interagieren, kann von Kultur zu Kultur unterschiedlich sein.

Impfstoffe sind Medikamente, die die Immunantwort des Körpers gegen Krankheiten stimulieren sollen. Als solche dienen sie dazu, das Auftreten (oder Verschlimmern) einer Krankheit zu verhindern, anstatt eine bestehende Krankheit zu behandeln. Wie die COVID-19-Pandemie zuletzt gezeigt hat, zögern einige Menschen, Impfstoffe zu verwenden, da sie glauben, dass sie potenziell schädlich sind. Wie fast jeder medizinische Eingriff können auch Impfstoffe negative Nebenwirkungen haben. Aber die eigentliche Frage ist, ob diese Nebenwirkungen den potenziellen Schaden (einschließlich Tod) überwiegen, den eine Krankheit verursachen kann.

Kulturelle Kompetenz: Das US Office of Minority Health definiert "kulturelle Kompetenz" als "die Fähigkeit, als Individuum und Organisation im Kontext kultureller Überzeugungen, Verhaltensweisen und Bedürfnisse von Verbrauchern und ihren Gemeinschaften effektiv zu funktionieren". Auch auf internationaler Ebene liegt der Schwerpunkt der Forschung und Interessenvertretung auf globaler Gesundheit. Als solche bestrebt sie die Zusammenhänge zwischen Regionen, kulturellen Gruppen, dem Klimawandel, Ökosystemen und politischen Realitäten zu verstehen, die sich auf Gesundheit und Wohlbefinden auswirken.

Migrationen: Das Cambridge Dictionary definiert Migration als "den Prozess von Menschen, die an einen neuen Ort reisen, um dort zu leben, in der Regel in großer Zahl".

Öffentliche Gesundheit wird im Allgemeinen als ein Forschungs und Praxisbereich definiert, der darauf abzielt, die Gesundheit von Einzelpersonen und Gemeinschaften zu verbessern. Dazu gehören Krankheitsprävention und Gesundheitsförderung. In der akademischen Welt ist Public Health ein interdisziplinärer Bereich, der Forschende aus einer Vielzahl relevanter Bereiche (z. B. Epidemiologie, Umweltgesundheit, Sozialwissenschaften, Community Health) umfasst. Die Forschung im Bereich der öffentlichen Gesundheit bemüht sich, die Auswirkungen bestimmter Probleme (z. B. Tabakrauch in der Umwelt) zu definieren und evidenzbasierte Wege zu finden, wie Menschen ihr Wohlbefinden verbessern können. In der Praxis wenden Beschäftigte im öffentlichen Gesundheitswesen Ansätze an, die Menschen und Gesellschaften helfen, ihr Verhalten zu ändern und gesünder zu werden. Beispiele hierfür sind der Austausch von Impfinformationen und Anti-Raucher-Kampagnen.

Bei einer Pandemie handelt es sich um die weltweite Ausbreitung einer neuen Krankheit. Derzeit ist die Wahrscheinlichkeit, dass Viruserkrankungen eine Pandemie auslösen, am höchsten. Im Gegensatz dazu wird eine Epidemie definiert als ein besorgniserregender Gesundheitszustand, der sich in einer Gemeinschaft oder Region entwickelt, sich aber nicht weiter ausbreitet.

Eine Promotora (auch bekannt als Community Health Worker oder CHW) ist in der Regel ein autodidaktisches Mitglied und Leiter der Latina-Gemeinschaft, der Gesundheitsberatung in der Nachbarschaft anbietet. Dies ist seit einiger Zeit eine gängige Tradition. Viele professionelle Forscher und Anbieter suchen heute Promotoras auf, weil sie das Ohr ihrer Gemeinschaft haben. Sie schulen diese Personen oft im öffentlichen Gesundheitswesen und stellen sie als Verbindungspersonen ein, um die erforderlichen Informationen über Prävention, Behandlung und damit verbundene Dienstleistungen zu verbreiten. Das Grundkonzept eines Community Health Workers ist nicht auf Latinos beschränkt. Wir (Dolores und Joachim) haben einen ähnlichen Ansatz mit der Bevölkerung des Nahen Ostens und Ostafrikas verfolgt. Wir glauben daher, dass dieser grundlegende Ansatz über mehrere verschiedene Gemeinschaften und Bevölkerungsgruppen hinweg wirksam sein kann.

Schmerz ist ein körperliches Leiden, das in der Regel durch Krankheit oder Verletzung verursacht wird. Es gibt mehrere bekannte Arten von Schmerzen. Nozizeptive Schmerzen umfassen Gewebeschäden durch Blutergüsse, Verbrennungen oder andere Verletzungen. Neuropathische Schmerzen werden durch Probleme mit dem menschlichen Nervensystem aufgrund einer Verletzung oder Krankheit verursacht (z. B. Reizdarmsyndrom, Fibromyalgie und chronische Kopfschmerzen). Schmerzen können auch als akut oder chronisch angesehen werden. Sie wird chronisch, wenn sie drei oder mehr Monate andauert. In einigen Fällen macht uns der Schmerz auf bestehende körperliche Verletzungen aufmerksam. Das kann uns dazu veranlassen, uns mit der zugrunde liegenden Ursache auseinanderzusetzen. Aber in einigen Fällen, insbesondere wenn sie chronisch ist, trägt sie keinen praktischen Nutzen zu unserem Überleben bei. Schmerzen können zu psychischen Schwierigkeiten führen. Verständlicherweise können chronische und ungelöste Schmerzen zu Angstzuständen, Frustration und Depressionen führen.

Der sozioökonomische Status bezieht sich auf die soziale Stellung eines Individuums oder einer Gruppe. Es berücksichtigt tendenziell die Bildung, das Einkommen und den sozialen Status des Berufs einer Person. Der sozioökonomische Status kann sich radikal verändern, wenn Menschen einwandern. Zum Beispiel werden Ärzte, Anwälte und andere Fachleute, die in ihrem Herkunftsland ausgebildet und zugelassen wurden, diese Qualifikationen in ihrer neuen Heimat möglicherweise nicht akzeptiert.

Tabakkonsum umfasst viele verschiedene Produkte. Dazu gehören Zigaretten, Zigarren, Kautabak (Dip, Schnupftabak), löslicher Tabak, Shisha (eine Kombination aus Tabak und Obst- oder Gemüseprodukten, die mit einer Wasserpfeife geraucht werden) und Pfeifentabak. Der

Konsum von Tabakprodukten wird mit einer Vielzahl von Krankheiten und Gesundheitszuständen in Verbindung gebracht. Dazu gehören Lungen-, Kehlkopf-, Speiseröhrenkrebs, chronisch obstruktive Lungenerkrankung (COPD), chronische Bronchitis und Emphysem, um nur einige zu nennen. Einige Tabakprodukte oder verwandte Rauchgeräte (z. B. Dampfen) gelten als medizinisch unbedenklich. Die Forschung zeigt jedoch, dass solche Behauptungen nicht korrekt sind.

Die Traditionelle Arabische und Islamische Medizin (TAIM) verwendet Kräuter, spirituelle Therapien, Ernährungspraktiken, Geist-Körper-Praktiken und körperliche Manipulationstechniken. TAIM umfasst chinesische, persische und ayurvedische (indische) Praktiken und wird manchmal in Kombination mit moderner Medizin zur Behandlung von Unfruchtbarkeit und anderen Erkrankungen eingesetzt.

Die Traditionelle Chinesische Medizin (TCM) kombiniert oft Akupunktur, Tai Chi, Massagen, ausgewogene Ernährungsempfehlungen und Kräuter. Es wird zur Behandlung von Schmerzen und einer Vielzahl von Krankheiten eingesetzt.

Ein Trauma kann körperliche Verletzungen, psychische Belastungen oder eine Kombination aus beidem umfassen. Ein körperliches Trauma bezieht sich auf eine klinisch schwere Verletzung des Körpers. Meistens wird dies in ein "stumpfes Gewalttrauma" unterteilt, wenn etwas zuschlägt, aber nicht unbedingt in den Körper eindringt. Dies kann zu Gehirnerschütterungen, Knochenbrüchen und ähnlichen Verletzungen führen. "Penetrierendes Trauma" bezieht sich auf Umstände, in denen ein Gegenstand die Haut des Körpers durchbohrt hat, was in der Regel zu eine offene Wunde verursacht. Psychische Traumata beziehen sich auf kognitive und emotionale Störungen, die durch ein oder mehrere belastende Ereignisse entstehen können (z. B. Krieg, häusliche Gewalt, Auto- und Arbeitsunfälle, sexueller Missbrauch und Ausbeutung). Das direkte Erleben oder sogar Miterleben solcher Ereignisse verursacht oft überwältigenden Stress, mit dem eine Person nicht umgehen kann. Bei vielen Vorfällen treten physische und psychische Traumata gemeinsam auf. Manche Menschen erleben auch ein "kumulatives Trauma", das nicht nur ein, sondern eine langwierige Reihe von schädlichen Ereignissen beinhaltet. Darüber hinaus beinhaltet "Generationentrauma" (manchmal auch intergenerationelles Trauma genannt) die generationsübergreifende Übertragung der unterdrückenden oder traumatischen Auswirkungen eines vergangenen Ereignisses. Weitere Informationen zu generationsbedingten Traumata finden Sie unter: https://michaelgquirke. com/recognize-these-intergenerational-trauma-signs-symptoms/

Tuberkulose (TB) ist eine ansteckende bakterielle Infektion, die in der Regel die Lunge angreift. Es kann sich aber auch auf Ihr Gehirn, Ihre Wirbelsäule und andere Teile Ihres Körpers ausbreiten. Bei dem beteiligten Bakterium handelt es sich *um Mycobacterium tuberculosis*. Die meisten Tuberkulose können mit Antibiotika geheilt werden. Es besteht jedoch die Befürchtung, dass der übermäßige Gebrauch solcher Medikamente zu multiresistenter Tuberkulose führt, was die Behandlung erheblich erschwert. Wenn jemand mit *Mycobacterium tuberculosis* infiziert ist, aber keine aktive Tuberkulose hat, wird die Erkrankung als latente Tuberkulose (LTB) bezeichnet.

Typ-2-Diabetes ist eine chronische Krankheit, die mit der Art und Weise zu tun hat, wie Ihr Körper Insulin produziert oder verwendet. Insulin ist ein Hormon, das die Menge an Glukose (Zucker) in Ihrem Blut reguliert. Bei Diabetes produziert Ihr Körper nicht genug Insulin oder verwendet es nicht so, wie er es normalerweise sollte. Häufige Symptome sind starker Durst, häufiges Wasserlassen, Hunger, Müdigkeit und verschwommenes Sehen. Es gibt aber auch Fälle, in denen die Betroffenen zumindest zu Beginn der Erkrankung überhaupt keine Symptome haben. Einige ethnische Gruppen haben ein besonderes Risiko, an Typ-2-Diabetes zu erkranken. Dazu gehören amerikanische Ureinwohner, Personen mit lateinamerikanischem Hintergrund, Schwarze, Ureinwohner Hawaiis, Bewohner der pazifischen Inseln, arabische Amerikaner und asiatische Amerikaner.

Derzeit gibt es keine bekannte Heilung für Typ-2-Diabetes. Aber die gute Nachricht ist, dass ein großes Projekt namens Diabetes Prevention Program gezeigt hat, dass Menschen die Krankheit vermeiden können, wenn sie eine gesunde Ernährung und körperliche Aktivitäten in ihren Lebensstil aufnehmen.

Wachstumsstörungen Die Weltgesundheitsorganisation definiert Wachstumsstörungen als "Wachstums- und Entwicklungsstörungen, die Kinder durch schlechte Ernährung, wiederholte Infektionen und unzureichende psychosoziale Stimulation erfahren. Dies ist leider ein häufiges Problem in Bevölkerungsgruppen, die Krieg und anderen extremen Stressfaktoren ausgesetzt waren.

QUELLENANGABEN/ LITERATURHINWEISE

1. Abramitzky R. Boustan L. *Streets of Gold: America's Untold Story of Immigrant Success.* New York: Public Affairs.
2. Tayaben JL, Younas A. Call to action for advocacy of immigrant nurses during the COVID-19 pandemic. *Journal of Advanced Nursing.* 2020 Sep;76(9):2220-2221.
3. Shaffer FA, Bakhshi MA, Cook KN, Álvarez TD. The Contributions of Immigrant Nurses in the U.S. During the COVID-19 Pandemic: A CGFNS International Study. *Nurse Leadership.* 2021 Apr;19(2):198-203.
4. New American Economy Research Fund. *Building America: Immigrants in Construction and Infrastructure-Related Industries.* 09/03/2020. https://research.newamericaneconomy.org/report/ covid19-immigrants-construction-infrastructure/
5. European Commission. *Immigrant Key Workers: Their Contribution to Europe's COVID-19 Response.* 04/24/2020. https://ec.europa.eu/migrant-integration/library-document/ immigrant-key-workers-their-contribution-europes-covid-19- response_en
6. Littman RJ. Littman ML. Galen and the Antonine Plague. *The American Journal of Philology.* 1973, 94 (3):243–255.
7. Paul Rincon P. *Hun migrations linked to deadly Justinian Plague.* BBC News, 05/10/2018. https://www.bbc.com/news/ science-environment-44046031
8. Thornton R, *American Indian Holocaust and Survival:* A Population History Since 1492. 1987 Norman: University of Oklahoma Press.

9. Barnett ED, Walker PF. Role of immigrants and migrants in emerging infectious diseases. *Medical Clinics of North America.* 2008 Nov;92(6):1447-58, xi-xii.

10. Soto SM. Human migration and infectious diseases. *Clinical Microbiology and Infection.* 2009 Jan;15 Suppl 1(Suppl 1):26-8.

11. Bhattacharya M, Dhama K, Chakraborty C. Recently spreading human monkeypox virus infection and its transmission during COVID-19 pandemic period: A travelers' prospective. *Travel Medicine and Infectious Disease.* 2022 Sep-Oct;49:102398

12. United States Drug Enforcement Agency. s. Rohypnol. https://www.dea.gov/factsheets/rohypnol

13. Centers for Disease Control and Prevention. *BCG-Vaccine Fact Sheet.* https://www.cdc.gov/tb/publications/factsheets/prevention/bcg.htm

14. National Institutes of Health. H-1B and O-1 Comparison Chart. 07/2020. https://ors.od.nih.gov/pes/dis/AdministrativeStaff/Documents/hocomparisonchart.pdf

15. Institute of Migration, World Migrant Report, 2022. https://worldmigrationreport.iom.int/world-migration-report-2022-selected-infographics

16. Batalova J. Top Statistics on Global Migration and Migrants. Migration Policy Institute. 07/21/2022. https://www.migrationpolicy.org/article/top-statistics-global-migration-migrants

17. Byju's the Learning App. Global Warming. https://byjus.com/biology/global-warming/

18. Rossati A. Global Warming and Its Health Impact. *International Journal of Occupational and Environmental Medicine.* 2017 Jan;8(1):7-20

19. McDonnell, T. *The Refugees the World Barely Pays Attention To.* National Public Radio. 06/20/2018.19. https://www.npr.org/sections/goatsandsoda/2018/06/20/621782275/the-refugees-that-the-world-barely-pays-attention-to

20. The Nansen Initiative. Disaster-Induced Cross-Border Displacement. 12/2015. https://disasterdisplacement.org/wp-content/uploads/2015/02/PROTECTION-AGENDA-VOLUME-1.pdf

21. World Health Organization, Nutrition, Stunting in a nutshell. 11/19/2015.
    https://www.who.int/news/item/19-11-2015-stunting-in-a-nutshell

22. United Nations Children's Fund (UNICEF): Malnutrition: Afghanistan's silent emergency. https://www.unicef.org/afghanistan/nutrition

23. Lyall, N & Shaar K. Three signs of impending famine in Syria absent immediate action. MEI@75 operations and Policy Center, 12/10/2021.
    https://www.mei.edu/publications/three-signs-impending-famine-syria-absent-immediate-action

24. The Food and Agriculture Organization of the United Nations, & The World Food Programme. (2021, July 30). *Hunger Hotspots: FAO-WFP early warnings on acute food insecurity* (August to November 2021 outlook).

25. Heller, S. Twelve Million Syrians Now in the Grip of Hunger, Worn Down by Conflict and Soaring Food Prices," World Food Programme (WFP), 17 February 2021. https://www.wfp.org/news/twelve-million-syrians-now-grip-hunger-worn-down-conflict-and-soaring-food-prices

26. Delgado, C, Smith, D, Stockholm International Peace Research Institute. 2021 Global Hunger Index: Hunger and Food Systems in Conflict Settings. https://www.globalhungerindex.org/pdf/en/2021.pdf

27. World Vision. *Forced to flee: Top countries refugees are coming from.* 06/18/2021.
    https://www.worldvision.org/refugees-news-stories/forced-to-flee-top-countries-refugees

28. Gavazzi G, Herrmann F, Krause KH. Aging and infectious diseases in the developing world. *Clinical Infectious Diseases*. 2004 Jul 1;39(1):83-91.

29. Worldometers. *Countries where COVID-19 has spread.* 01/05/2023.
    https://www.worldometers.info/coronavirus/countries-where-coronavirus-has-spread/

30. Cohn D'V, Horowitz JM, Minkin R, Fry R, Hurst K. *The demographics of multigenerational households.* Pew Research Center. 03/24/2022.

31. Generations United. *Multigenerational Households*
    https://www.gu.org/explore-our-topics/
    multigenerational-households/

32. Kolker, C. *The Immigrant Advantage: What we can learn from
    Newcomers to America about Health, Happiness, and Hope.* 2014, New
    York: Free Press

33. Lin JT, Mollan KR, Cerami C. The Consequences of Isolating at
    Home. *Clinical Infectious Diseases.* 2021 Nov 2;73(9):e2823.

34. Oum S, Kates J., Wexler A. Economic Impact of COVID-19 on
    PEPFAR Countries. KFF Global Health Policy. 02/07/2022
    https://www.kff.org/global-health-policy/issue-brief/
    economic-impact-of-covid-19-on-pepfar-countries/

35. Migration Policy Institute. Fact Sheet. The Essential Role of
    Immigrants in the U.S. Food Supply Chain. 04/2020.
    https://migrationpolicy.org/content/
    essential-role-immigrants-us-food-supply-chain

36. World Health Organization. Tuberculosis Fact Sheet. 10/272022
    https://www.who.int/news-room/fact-sheets/detail/tuberculosis

37. Cauthen GM, Pio HG, Ten Dam HG: *Annual risk of tuberculosis
    infection.* World Health Organization TB Publication 1988; 88:154

38. Bloom BR, Murray CJL: Tuberculosis: Commentary on a reemergent
    killer. *Science* 1992; 257:1055–1064

39. Menzies NA, Hill AN, Cohen T, Salomon JA. The impact of
    migration on tuberculosis in the United States. *International Journal
    of Tuberculosis and Lung Disease.* 2018. 01:22(12): 1392-1403

40. Oren E, Fiero MH, Barrett E, Anderson B, Nuñez M, Gonzalez-
    Salazar F. Detection of latent tuberculosis infection among migrant
    farmworkers along the US-Mexico border. *BMC Infectious Diseases.*
    2016 Nov 3;16(1):630.

41. Boudville DA, Joshi R, Rijkers GT. Migration and tuberculosis
    in Europe. *Journal of Clinical Tuberculosis and Other Mycobacterial
    Diseases.* 2020 Jan 7;18:100143.

42. Phares CR, Liu Y, Wang Z, et al. Disease Surveillance Among U.S.-
    Bound Immigrants and Refugees — Electronic Disease Notification
    System, United States, 2014–2019. *Morbidity and Mortality Weekly
    Report*, Surveillance Summary 2022;71(No. SS-2):1–21.

43. US Centers for Disease Control and Prevention. *Title 42—The Public Health and Welfare.* https://www.govinfo.gov/content/pkg/USCODE-2011-title42/pdf/USCODE-2011-title42-chap6A-subchapII-partC-sec252.pdf

44. Duzkoylu Y, Basceken SI, Kesilmez EC. Physical Trauma among Refugees: Comparison between Refugees and Local Population Who Were Admitted to Emergency Department-Experience of a State Hospital in Syrian Border District. *International Journal of Environmental Research and Public Health.* 2017;2017:8626275.

45. Al-Hajj S, Chahrour MA, Nasrallah AA, Hamed L, Pike I. Physical trauma and injury: A multi-center study comparing local residents and refugees in Lebanon. *Journal of Global Health.* 2021 Oct 9;11:17001.

46. Daily Beast. *Russians Accused of Raping and Killing a 1-Year-Old Child, Says Ukraine official.* https://www.thedailybeast.com/russians-accused-of-raping-and-killing-a-one-year-old-child-says-ukraine-official

47. Falk P. *UN told "credible" claims of sexual violence against children as Russia's war drives a third of Ukrainians from their homes.* CBS News. 5/13/2022

48. United Nations Security Council. *Sexual Violence 'Most Hidden Crime' Being Committed against Ukrainians, Civil Society Representative Tells Security Council.* 9056th Meeting. 06/06/2022. https://www.un.org/press/en/2022/sc14926.doc.htm

49. Al-Dayel N, Mumford A. ISIS and Their Use of Slavery. International Centre for Counter Terrorism. 27 Jan 2020 https://www.icct.nl/publication/isis-and-their-use-slavery

50. Sham M, Singh D, Wankhede U, Wadate A. Management of child victims of acute sexual assault: Surgical repair and beyond. *Journal of Indian Association of Pediatric Surgeons.* 2013 Jul;18(3):105-11.

51. Tahirbegolli B, Çavdar S, Çetinkaya Sümer E, Akdeniz SI, Vehid S. Outpatient admissions and hospital costs of Syrian refugees in a Turkish university hospital. *Saudi Medical Journal.* 2016; 37(7):809-12.

52. World Health Organization. *Ukraine's health system under severe pressure.* 06/03/2022. https://www.who.int/news/

item/03-06-2022-one-hundred-days-of-war-has-put-ukraine-s-health-system-under-severe-pressure

53. The Soufan Center. *Syria: The Humanitarian-Security Nexus*, 2017, Author.
https://thesoufancenter.org/research/syria-humanitarian-security-nexus-2/

54. Crespo E. The Importance of Oral Health in Immigrant and Refugee Children. *Children (Basel)*. 2019 Sep 9;6(9):102. https://www.mdpi.com/2227-9067/6/9/102

55. Salim NA, Tiwari T. Migrant and refugee Oral Health. *Community Dental Health*. 2021 Feb 25;38(1):3-4.

56. Ryan P, McMahon G. Severe dental infections in the emergency department. *European Journal of Emergency Medicine*. 2012 Aug;19(4):208-13.

57. World Health Organization Fact Sheet, Europe. *Migration and health: key issues*. January 20, 2021
https://www.who.int/europe/news-room/fact-sheets/item/migration-and-health-key-issues

58. The United Nations High Commissioner for Refugees. Data visualization on Mediterranean crossings charts rising death toll and tragedy at sea need UNHCR reference on deaths among migrants crossing the sea. 06/10/2022
https://www.unhcr.org/en-us/news/briefing/2022/6/62a2f90a1a/unhcr-data-visualization-mediterranean-crossings-charts-rising-death-toll.html

59. The United Nations High Commissioner for Refugees. Operational Data Portal. https://data.unhcr.org/en/situations/mediterranean

60. Bridges L. Central American Migrants Face Perils on Journey North. *North American Congress on Latin America (NACLA)* 05/24/2013.
https://nacla.org/news/2013/5/24/central-american-migrants-face-perils-journey-north-0

61. Pardinas J (2008). Los retos de la migracion en Mexico: Un espejo de dos caras (PDF). *Serie Estudios y Perspectivas*. 99. Retrieved 3 June 2013.

62. Amnesty International Publications. *Invisible Victims: Migrants on the Move in Mexico*. 04/28/2010.
https://www.amnesty.org/en/documents/amr41/014/2010/en/

63. NBC News. *Authorities ID 47 of the migrants found dead inside an abandoned truck in San Antonio.* 07/06/2022 https://www.nbcnews.com/news/latino/authorities-id-47-migrants-found-dead-abandoned-truck-san-antonio-rcna36931

64. Parker TJ, Moreno M. *5 people test positive for COVID after being found in suspected human smuggling operation in SW Houston, police say.* KTRK TV Houston. 04/30/2021. https://www.click2houston.com/news/local/2021/04/30/human-smuggling-happening-at-home-in-southwest-houston-kprc-2-sources-say/

65. Fox M. Migrants don't bring disease. In fact, they help fight it, report says. Migration also boosts economies, the new report notes. NBC News https://www.nbcnews.com/storyline/immigration-border-crisis/migrants-don-t-bring-disease-fact-they-help-fight-it-n944146

66. Becker J, Faller G. Arbeitsbelastung und Gesundheit von Erwerbstätigen mit Migrationshintergrund [Workload and health of workers with a migrant background]. *Bundesgesundheitsblatt Gesundheitsforschung Gesundheitsschutz.* 2019 Sep;62(9):1083-1091.

67. Moyce SC, Schenker M. Occupational Exposures and Health Outcomes Among Immigrants in the USA. *Current Environmental Health Reports.* 2017 Sep;4(3):349-354.

68. Yanar B, Kosny A, Smith PM. Occupational Health and Safety Vulnerability of Recent Immigrants and Refugees. *International Journal of Environmental Research and Public Health.* 2018 Sep 14;15(9):2004.

69. The Guardian: *Revealed: 6,500 migrant workers have died in Qatar since World Cup awarded.* 03/18/2021. https://www.theguardian.com/global-development/2021/feb/23/revealed-migrant-worker-deaths-qatar-fifa-world-cup-2022

70. Walter JD & Ford M. DW. Fact check: How many people died for the Qatar World Cup? *Deutsche Welle*, 11/16/2022 https://www.dw.com/en/fact-check-how-many-people-have-died-for-the-qatar-world-cup/a-63763713

71. Jon Gambrell. Qatar Says Worker Deaths for World Cup 'Between 400 and 500' *Time Magazine* 11/29/2022.

72. Rai O A. A mysterious rash of kidney failures. *Nepail Times*, 04/2017. https://archive.nepalitimes.com/article/ Nepali-Times-Buzz/A-mysterious-rash-of-kidney-failures,3639

73. Zoni AC, Domínguez-Berjón MF, Esteban-Vasallo MD, Velázquez-Buendía LM, Blaya-Nováková V, Regidor E. Injuries Among Immigrants Treated in Primary Care in Madrid, Spain. *Journal of Immigrant and Minor Health*. 2018 Apr;20(2):456-464.

74. Dragioti E, Tsamakis K, Larsson B, Gerdle B. Predictive association between immigration status and chronic pain in the general population: results from the SwePain cohort. *BMC Public Health*. 2020 Sep 29;20(1):1462.

75. Centers for Disease Control and Prevention (CDC). *Diabetes risk factors*. https://www.cdc.gov/diabetes/basics/risk-factors.html

76. Joffe B, Zimmet P. The thrifty genotype in type 2 diabetes: an unfinished symphony moving to its finale? *Endocrine*. 1998 Oct;9(2):139-41.

77. Garduño-Espinosa J, Ávila-Montiel D, Quezada-García AG, Merelo-Arias CA, Torres-Rodríguez V, Muñoz-Hernández O. Obesity and thrifty genotype. Biological and social determinism versus free will. *Boletín Médico del Hospital Infantil de México*. 2019;76(3):106-112.

78. Diabetes Prevention Program (DPP) Research Group. The Diabetes Prevention Program (DPP): description of lifestyle intervention. *Diabetes Care*. 2002 Dec;25(12):2165-71.

79. World Health Organization, *Fact Sheet, Tobacco*. 05/24/2022. https://www.who.int/news-room/fact-sheets/detail/tobacco

80. Global Burden of Disease [database].Washington, DC: Institute of Health Metrics; 2019. IHME

81. Reimann JOF, Liles S, Hofstetter CR, Chu S, Angulo OY, Hovell, MF. *The popularity of cigars: continuing phenomenon or fading fad?* Poster Session B10, Annual Investigator's Meeting, Tobacco Related Disease Research Program. 1999 http://trdrp.yes4yes.com/fundedresearch/grant_page. php?grant_id=380

82. Reimann JOF, Liles S, Rodríguez-Reimann, DI, Hovell, MF. *The new popularity of cigars: smokers descriptions.* Conference Paper, Annual

Investigator's Meeting, Tobacco Related Disease Research Program.
1998

83. Truth Initiative, Fact Sheet, Cigars: Facts, stats and regulations.
06/30/2020.
https://truthinitiative.org/research-resources/
traditional-tobacco-products/cigars-facts-stats-and-regulations

84. Thirión-Romero I, Pérez-Padilla R, Zabert G, Barrientos-Gutiérrez
I. Respiratory impact of electronic cigarettes and "low risk" tobacco.
Revista de Investigación Clínica. 2019;71(1):17-27.

85. World Population Review. *Smoking Rates by Country 2022.*
https://worldpopulationreview.com/country-rankings/
smoking-rates-by-country

86. Statista. *Consumer Goods & FMCG›Tobacco. Share of individuals who
currently smoke cigarettes, cigars, cigarillos or a pipe in selected European
countries in 2020.*
https://www.statista.com/statistics/433390/
individuals-who-currently-smoke-cigarettes-in-european-countries/

87. CDC. Current Cigarette Smoking Among Adults in the United
States.
https://www.cdc.gov/tobacco/data_statistics/fact_sheets/adult_data/
cig_smoking/index.htm

88. El Hajj DG, Cook PF, Magilvy K, Galbraith ME, Gilbert L, Corwin
M. Tobacco Use Among Arab Immigrants Living in Colorado:
Prevalence and Cultural Predictors. *Journal of Transcultural Nursing.*
2017 Mar;28(2):179-186.

89. Joshi S, Jatrana S, Paradies Y. Tobacco smoking between immigrants
and non-immigrants in Australia: A longitudinal investigation of
the effect of nativity, duration of residence and age at arrival. *Health
Promotion Journal of Australia.* 2018 Dec;29(3):282-292.

90. United States Public Health Service Office of the Surgeon General;
National Center for Chronic Disease Prevention and Health
Promotion (US) Office on Smoking and Health. *Smoking Cessation:
A Report of the Surgeon General [Internet].* Washington (DC): US
Department of Health and Human Services; 2020. Chapter 4, The
Health Benefits of Smoking Cessation. https://www.ncbi.nlm.nih.
gov/books/NBK555590/

91. Crane T, Patterson S. *Introduction*. History of the Mind-Body Problem. 2001. pp. 1–2.

92. Catholic Answers. Dualism: Philosophical terms, employed in different meanings by different schools. https://www.catholic.com/encyclopedia/dualism

93. Mehta N. Mind-body Dualism: A critique from a Health Perspective. *Mens Sana Monographs*. 2011 Jan;9(1):202-9.

94. Chan C, Ho PS, Chow E. A body-mind-spirit model in health: an Eastern approach. *Social Work in Healthcare*. 2001;34(3-4):261-82.

95. World Health Organization, WHO Director-General's opening remarks at the Mental Health at Work panel, World Economic Forum. 01/18/2023. https://www.who.int/director-general/speeches/detail/who-director-general-s-opening-remarks-at-the-mental-health-at-work-panel--world-economic-forum---18-january-2023

96. Rathod JM. Danger and Dignity: Immigrant Day Laborers and Occupational Risk. *Seton Hall Law Review*. 2016;46(3):813-82.

97. Arici C, Ronda-Pérez E, Tamhid T, Absekava K, Porru S. Occupational Health and Safety of Immigrant Workers in Italy and Spain: A Scoping Review. *International Journal of Environmental Research and Public Health*. 2019 Nov 11;16(22):4416.

98. Armstrong SA, Herr MJ. Physiology, Nociception. 2022 May 8. In: *StatPearls* [Internet]. Treasure Island (FL): StatPearls Publishing; 2022 Jan.

99. Colloca L, Ludman T, Bouhassira D, Baron R, Dickenson AH, Yarnitsky D, Freeman R, Truini A, Attal N, Finnerup NB, Eccleston C, Kalso E, Bennett DL, Dworkin RH, Raja SN. Neuropathic pain. *Nature Reviews Disease Primers*. 2017 Feb 16;3:17002.

100. Costigan M, Scholz J, Woolf CJ. Neuropathic pain: a maladaptive response of the nervous system to damage. *Annual Review of Neuroscience*. 2009. 32:1-32.

101. Lumley MA, Cohen JL, Borszcz GS, Cano A, Radcliffe AM, Porter LS, Schubiner H, Keefe FJ. Pain and Emotion: A Biopsychosocial Review of Recent Research. *Journal of Clinical Psychology*. 2011;67(9):942-968.

102. Institute of Medicine (US) Committee on Pain, Disability, and Chronic Illness Behavior; Osterweis M, Kleinman A, Mechanic

D, editors. *Pain and Disability: Clinical, Behavioral, and Public Policy Perspectives*. Washington (DC): National Academies Press (US); 1987. 9, Psychiatric Aspects of Chronic Pain. Available from: https://www.ncbi.nlm.nih.gov/books/NBK219250/

103. Institute of Medicine (US) Committee on Advancing Pain Research, Care, and Education. *Relieving Pain in America: A Blueprint for Transforming Prevention, Care, Education, and Research*. Washington (DC): National Academies Press (US); 2011.

104. Chen Y, Mo F, Yi Q, Morrison H, Mao Y. Association between mental health and fall injury in Canadian immigrants and non-immigrants. *Accident Analysis & Prevention*. 2013 Oct;59:221-6.

105. Flores Morales J, Nkimbeng M. An Exploration of the Relationship Between Diabetes and Depression Among Immigrants in the United States. *Journal of Immigrant and Minority Health*. 2021 Jun;23(3):444-451.

106. Black PH. The inflammatory response is an integral part of the stress response: Implications for atherosclerosis, insulin resistance, type II diabetes and metabolic syndrome X. *Brain, Behavior, and Immunity*. 2003;17;350-364.

107. Philis-Tsimikas A, Walker C, Rivard L, Talavera GA, Reimann JOF, Salmon M, Araujo R. Improvement in diabetes care of underinsured patients enrolled in Project Dulce: A community-based, culturally appropriate, nurse case management and peer education diabetes care model, *Diabetes Care*, 2004 27:110-115.

108. Concha JB, Kravitz HM, Chin MH, Kelley MA, Chavez N, Johnson TP. Review of type 2 diabetes management interventions for addressing emotional well-being in Latinos. *Diabetes Educator*. 2009 Nov-Dec;35(6):941-58.

109. Ilchmann-Diounou H, Menard S. Psychological Stress, Intestinal Barrier Dysfunctions, and Autoimmune Disorders: An Overview. *Frontiers in Immunology*. 2020 Aug 25;11:1823

110. Song H, Fang F, Tomasson G, Arnberg FK, Mataix-Cols D, Fernández de la Cruz L, Almqvist C, Fall K, Valdimarsdóttir UA. Association of Stress-Related Disorders With Subsequent Autoimmune Disease. *JAMA*. 2018 Jun 19;319(23):2388-2400.

111. Agrawal M, Shah S, Patel A, Pinotti R, Colombel JF, Burisch J. Changing epidemiology of immune-mediated inflammatory diseases

in immigrants: A systematic review of population-based studies. *Journal of Autoimmunity*. 2019 Dec;105:102303.

112. Bookwalter DB, Roenfeldt KA, LeardMann CA, Kong SY, Riddle MS, Rull RP. Posttraumatic stress disorder and risk of selected autoimmune diseases among US military personnel. *BMC Psychiatry*. 2020 Jan 15;20(1):23.

113. Bustamante LHU, Cerqueira RO, Leclerc E, Brietzke E. Stress, trauma, and posttraumatic stress disorder in migrants: a comprehensive review. *Revista Brasileira de Psiquiatria*. 2017 Oct 19;40(2):220-225.

114. Schmeer KK, Tarrence J. Racial-ethnic Disparities in Inflammation: Evidence of Weathering in Childhood? *Journal of Health and Social Behavior*. 2018 Sep;59(3):411-428.

115. Joo JH, Platt R. The promise and challenges of integrating mental and physical health. International Review of Psychiatry. 2018 Dec;30(6):155-156.

116. Knowleswellness. *Banned Medicines in the United States*. 01/31/2022. https://www.knowleswellness.com/blog/ list-of-banned-medicines-in-the-united-states/

117. Kliegl, M. How to Transport Your Medicine to Europe, SAI. 01/06/2022 https://www.saiprograms.com/transport-medicine-europe/

118. Ramey JT, Bailen E, Lockey, RF. Rhinitis Medicamentosa. *Journal of Investigational Allergology and Clinical Immunology* 2006; Vol. 16(3): 148-155. https://www.jiaci.org/issues/vol16issue03/1.pdf

119. Hutchings MI, Truman AW, Wilkinson B. Antibiotics: past, present and future. *Current Opinion in Microbiology*. 2019 Oct;51:72-80.

120. Centers for Disease Control and Prevention. Antimicrobial Resistance. 12/17/2021. https://www.cdc.gov/drugresistance/index. html

121. World Health Organization. Wide differences in antibiotic use between countries. 11/12/2018. https://www.downtoearth.org.in/news/health/ wide-differences-in-antibiotic-use-between-countries-who-62096

122. University of Oxford, Medical Science Division. Global antibiotic consumption rates increased by 46 percent since 2000. 11/16/2021. https://www.medsci.ox.ac.uk/news/

global-antibiotic-consumption-rates-increased-by-46-percent-since-2000

123. Mangione-Smith R, Elliott MN, Stivers T, McDonald L, Heritage J, McGlynn EA. Racial/ethnic variation in parent expectations for antibiotics: implications for public health campaigns. *Pediatrics.* 2004 May;113(5):e385-94. PMID: 15121979.

124. Mainous A.G., Cheng A.Y., Garr R.C., Tilley B.C., Everett C.J., McKee M.D. Nonprescribed antimicrobial drugs in Latino community, South Carolina. *Emerging Infectious Diseases.* 2005;11:883–888.

125. Céspedes A., Larson E. Knowledge, attitudes, and practices regarding antibiotic use among Latinos in the United States: Review and recommendations. *American Journal of Infection Control.* 2006;34:495–502.

126. FDA Authorizes Emergency Use of Novavax COVID-19 Vaccine, Adjuvanted. https://www.fda.gov/vaccines-blood-biologics/coronavirus-covid-19-cber-regulated-biologics/novavax-covid-19-vaccine-adjuvanted

127. U.S. Food & Drug Administration Coronavirus (COVID-19) *Update: FDA Limits Use of Janssen COVID-19 Vaccine to Certain Individuals.* 05/05/2022. https://www.fda.gov/vaccines-blood-biologics/coronavirus-covid-19-cber-regulated-biologics/janssen-covid-19-vaccine

128. CDC Fact Sheet, Tuberculosis https://www.cdc.gov/tb/publications/factsheets/general/tb.htm

129. Occupational Safety and Health Administration (OSHA). *The Bloodborne Pathogen Standard and the Enforcement Procedures for TB.* https://www.osha.gov/laws-regs/standardinterpretations/1997-09-23

130. Schwarcz J. Can Vaccines Make Our Body Magnetic? McGill Office for Science and Society. 06/11/2021. https://www.mcgill.ca/oss/article/covid-19/can-vaccines-make-our-body-magnetic

131. CDC. *Possible Side Effects After Getting a COVID-19 Vaccine.* 01/12/2022.

https://www.cdc.gov/coronavirus/2019-ncov/vaccines/expect/after.html

132. Gamble VN. Under the shadow of Tuskegee: African Americans and health care. *American Journal of Public Health*. 1997 Nov;87(11):1773-8

133. Yasmin F, Najeeb H, Moeed A, Naeem U, Asghar MS, Chughtai NU, Yousaf Z, Seboka BT, Ullah I, Lin CY, Pakpour AH. COVID-19 Vaccine Hesitancy in the United States: A Systematic Review. *Frontiers in Public Health*. 2021 Nov 23;9:770985.

134. Gutiérrez Á, Young MT, Dueñas M, García A, Márquez G, Chávez ME, Ramírez S, Rico S, Bravo RL. Laboring With the Heart: Promotoras' Transformations, Professional Challenges, and Relationships With Communities. *Family & Community Health*. 2020; Dec 4.

135. Mendoza A. *Promotoras' playing role in vaccine outreach for Latino communities*. San Diego Union Tribune, 02/19/2021. https://www.sandiegouniontribune.com/news/health/story/2021-02-19/promotoras-play-important-role-in-vaccine-outreach-for-latino-communities

136. Afzal MM, Pariyo GW, Lassi ZS, Perry HB. Community health workers at the dawn of a new era: 2. Planning, coordination, and partnerships. *Health Research Policy and Systems*. 2021 Oct 12;19(Suppl 3):103.

137. Department of Health Care Services (DHCS). Community Health Workers https://www.dhcs.ca.gov/community-health-workers

138. Padilla R, Gomez V, Biggerstaff SL, Mehler PS. Use of curanderismo in a public health care system. *Archives of Internal Medicine*. 2001, 161(10):1336–1340.

139. Malruro, R. Curanderismo and Latino Views of Disease and Curing. *Western Journal of Medicine*. 1983 Dec; 139(6): 868–874.

140. National Center for Complementary and Integrative Health (NCCIH) *Ayurvedic Medicine: In Depth*. https://www.nccih.nih.gov/health/ayurvedic-medicine-in-depth

141. AlRawi SN, Khidir A, Elnashar MS, Abdelrahim HA, Killawi AK, Hammoud MM, Fetters MD. Traditional Arabic & Islamic medicine:

validation and empirical assessment of a conceptual model in Qatar. *BMC Complementary and Alternative Medicine*. 2017;17(1):157.

142. National Center for Complementary and Integrative Health (NCCIH) *Traditional Chinese Medicine: What You Need To Know*. 04/2019.
https://www.nccih.nih.gov/health/
traditional-chinese-medicine-what-you-need-to-know

143. Bacardi-Gascon M, Dueñas-Mena D, Jimenez-Cruz A. Lowering effect on postprandial glycemic response of nopales added to Mexican breakfasts. *Diabetes Care*. 2007 May;30(5):1264-5.

144. Shapiro K, Gong WC. Natural products used for diabetes. *Journal of the American Pharmacists Association*. 2002; 42(2):217-226.

145. Chattopadhyay K, Wang H, Kaur J, Nalbant G, Almaqhawi A, Kundakci B, Panniyammakal J, Heinrich M, Lewis SA, Greenfield SM, Tandon N, Biswas TK, Kinra S, Leonardi-Bee J. Effectiveness and Safety of Ayurvedic Medicines in Type 2 Diabetes Mellitus Management: A Systematic Review and Meta-Analysis. *Frontiers in Pharmacology*. 2022 Jun 8;13:821810.

146. Vickers AJ, Vertosick EA, Lewith G, MacPherson H, Foster NE, Sherman KJ, Irnich D, Witt CM, Linde K; Acupuncture Trialists' Collaboration. Acupuncture for Chronic Pain: Update of an Individual Patient Data Meta-Analysis. *The Journal of Pain*. 2018; 19(5):455-474.

147. Zhang Q. Traditional and Complementary Medicine in Primary Health Care. In: Medcalf A, Bhattacharya S, Momen H, et al., editors. *Health For All: The Journey of Universal Health Coverage*. Hyderabad (IN): Orient Blackswan; 2015. Chapter 12. https://www.ncbi.nlm.nih.gov/books/NBK316267/

148. California Board of Psychology Laws and Regulations. https://www.psychology.ca.gov/laws_regs/2019lawsregs.pdf

149. World Health Organization. Global Standards for Quality Health-Care Services for Adolescents.
https://apps.who.int/iris/bitstream/
handle/10665/183935/9789241549332_vol1_eng.pdf

150. Sekhar MS, Vyas N. Defensive medicine: a bane to healthcare. *Annals of Medical and Health Sciences Research*. 2013;3(2):295-296. United States Drug Enforcement Agency. *Fact Sheets. Rohypnol*.

https://www.dea.gov/sites/default/files/2020-06/Rohypnol-2020_0.
pdf

151. Jakulin, A. *Why are we such a litigious society? Statistical Modeling, Causal Inference, and Social Science*, Columbia University. https://statmodeling.stat.columbia.edu/2015/12/03/ why-us-litigious/

152. Justpoint. US Medical Malpractice Case Statistics. 2017-2021 https://justpoint.com/knowledge-base/ us-medical-malpractice-case-statistics

153. Almeida LM, Caldas J, Ayres-de-Campos D, Salcedo-Barrientos D, Dias S. Maternal healthcare in migrants: a systematic review. *Maternal and Child Health Journal*. 2013 Oct;17(8):1346-54.

154. Missing Migrants Project. https://missingmigrants.iom.int/

155. Woman, unborn child die after migrants abandoned in truck near U.S.-Mexico border. Border Report. 03/07/2022. https://www.borderreport.com/news/health/woman-unborn-child-die-after-migrants-abandoned-in-truck-near-u-s-mexico-border/

156. Maru S, Glenn L, Belfon K, Birnie L, Brahmbhatt D, Hadler M, Janevic T, Reynolds S. Utilization of Maternal Health Care Among Immigrant Mothers in New York City, 2016-2018. *Journal of Urban Health*. 2021 Dec;98(6):711-726.

157. Kentoffio K, Berkowitz SA, Atlas SJ, Oo SA, Percac-Lima S. Use of maternal health services: comparing refugee, immigrant and US-born populations. *Maternal and Child Health Journal*. 2016;20(12):2494–2501.

158. Gissler M, Alexander S, MacFarlane A, Small R, Stray-Pedersen B, Zeitlin J, Zimbeck M, Gagnon A. Stillbirths and infant deaths among migrants in industrialized countries. *Acta Obstetricia et Gynecologica Scandinavica*. 2009;88(2):134-48.

159. Fair F, Raben L, Watson H, Vivilaki V, van den Muijsenbergh M, Soltani H; ORAMMA team. Migrant women's experiences of pregnancy, childbirth and maternity care in European countries: A systematic review. *PLOS One*. 2020 Feb 11;15(2):e0228378.

160. Van Norman GA. Drugs and Devices: Comparison of European and U.S. Approval Processes. *JACC: Basic to Translational Science*. 2016 Aug 29;1(5):399-412.

161. Last Christmas, Universal Pictures. 2019. https://www.universalpictures.com/movies/last-christmas

162. Patricia Frye Walker PF & Barnett ED. *Immigrant Medicine*. 2007 Amsterdam, Netherlands: Elsevier Inc.

163. Berry JW. Acculturation. In the *Encyclopedia of Applied Psychology*, 2004; 27-34. Academic Press, Elsevier: Amsterdam.

164. Reimann JOF, Rodríguez-Reimann DI. *Immigrant Concepts: Life Paths to Integration*. 2021, Chula Vista CA. Romo Books.

165. Berry, JW. Theories and models of acculturation. In S. J. Schwartz & J. B. Unger (Eds.), *Oxford library of psychology. The Oxford handbook of acculturation and health, 2017*; (p. 15–28). Oxford University Press.

166. Voelker, R. Born in the USA: Infant Health Paradox. *JAMA: The Journal of the American Medical Association*. 1994 272 (23): 1803–1804.

167. Speciale AM, Regidor E. Understanding the Universality of the Immigrant Health Paradox: The Spanish Perspective. *Journal of Immigrant and Minority Health*. 2011, 13 (3): 518–525

168. Guendelman, S; Abrams, B. Dietary intake among Mexican-American women: generational differences and a comparison with white non-Hispanic women. *American Journal of Public Health*. 1995 85 (1): 20–25

169. Antecol, H, Bedard, K. Unhealthy Assimilation: Why Do Immigrants Converge to American Health Status Levels? *Demography*. 2006 43 (2): 337–360.

170. Rodríguez-Reimann DI, Nicassio P, Reimann JOF, Gallegos PI, Olmedo EL. Acculturation and health beliefs of Mexican Americans regarding tuberculosis prevention. *Journal of Immigrant Health*, 2004: 6:51-62.

171. Becker MH, Maiman LA. Sociobehavioral determinants of compliance with health and medical care recommendations. *Medical Care* 1975; 13:10–24.

172. Reimann JOF, Ghulam M, Rodríguez-Reimann DI, Beylouni MF. Project Salaam: Assessing mental health needs among San Diego's greater Middle Eastern and East African communities. *Ethnicity & Disease*, 2007, 17, Supp. 3, S3-39-S3-41. PMID: 17985449

173. Gonzalez-Guarda RM, Stafford AM, Nagy GA, Befus DR, Conklin JL. A Systematic Review of Physical Health Consequences and

Acculturation Stress Among Latinx Individuals in the United States. *Biological Research for Nursing.* 2021 Jul;23(3):362-374.

174. Andrasfay T, Goldman N. Reductions in 2020 US life expectancy due to COVID-19 and the disproportionate impact on the Black and Latino populations. *Proceedings of the National Academy of Sciences USA.* 2021 Feb 2;118(5):e2014746118.

175. U.S. Health & Human Services, Office of Minority Health. *The National CLAS Standards.* https://minorityhealth.hhs.gov/omh/browse.aspx?lvl=2&lvlid=53

176. National Association of Social Workers, *Standards and Indicators for Cultural Competence in Social Work Practice.* https://www.socialworkers.org/LinkClick.aspx?fileticket=PonPTDEBrn4%3D

177. American Hospital Association. *Becoming a Culturally Competent Health Care Organization.* https://www.aha.org/system/files/hpoe/Reports-HPOE/becoming-culturally-competent-health-care-organization.PDF

178. Barbara McAneny BL, How I incorporated cultural competency in my practice. *American Medical Association.* 03/22/2015 https://www.ama-assn.org/about/leadership/how-i-incorporated-cultural-competency-my-practice

179. Centers for Disease Control and Prevention. *Cultural Competence In Health And Human Services.* https://npin.cdc.gov/pages/cultural-competence

180. Purnell, L. The Purnell Model for Cultural Competence. *The Journal of Multicultural Nursing & Health,* Summer 2005, 7-15

181. Albougami AS, Pounds KG Alotaibi JS. Comparison of Four Cultural Competence Models in Transcultural Nursing: A Discussion Paper. *International Archives of Nursing and Health Care;* 2016, Volume (2)4 https://clinmedjournals.org/articles/ianhc/international-archives-of-nursing-and-health-care-ianhc-2-053.pdf

182. Reimann JOF, Talavera GA, Salmon M, Nuñez J, Velasquez RJ. Cultural competence among physicians treating Mexican Americans who have diabetes: A structural model. *Social Science & Medicine.* 2004; 59:2195-2205.

183. Yepes-Rios M, Reimann, JOF, Talavera AC, Ruiz de Esparza A, Talavera GA. (2006) Colorectal cancer screening among Mexican Americans at a community clinic. *American Journal of Preventive Medicine*, 30, 204-210.

184. Shiu-Thornton S, Balabis J, Senturia K, Tamayo A, Oberle M. Disaster preparedness for limited English proficient communities: medical interpreters as cultural brokers and gatekeepers. *Public Health Reports.* 2007 Jul-Aug;122(4):466-71.

185. Office of the Surgeon General (US); Center for Mental Health Services (US); National Institute of Mental Health (US). Mental Health: Culture, Race, and Ethnicity: A Supplement to Mental Health: A Report of the Surgeon General. Rockville (MD): Substance Abuse and Mental Health Services Administration (US); 2001 Aug. Chapter 2 Culture Counts: *The Influence of Culture and Society on Mental Health.* Available from: https://www.ncbi.nlm.nih.gov/books/NBK44249/

186. Hampton NZ, Sharp SE. Shame-focused attitudes toward mental health problems. *Rehabilitation Counseling Bulletin.* 2013; 57:170–81.

187. Haque A. Mental health concepts in Southeast Asia: diagnostic considerations and treatment implications. *Psychology, Health & Medicine.* 2010 Mar;15(2):127-34.

188. Mascayano F, Tapia T, Schilling S, Alvarado R, Tapia E, Lips W, Yang LH. Stigma toward mental illness in Latin America and the Caribbean: a systematic review. *Brazilian Journal of Psychiatry.* 2016 Mar;38(1):73-85.

189. Amuyunzu-Nyamongo M. *The social and cultural aspects of mental health in African societies* Commonwealth Health Partnerships 2013 5 https://www.commonwealthhealth.org/wp-content/uploads/2013/07/The-social-and-cultural-aspects-of-mental-health-in-African-societies_CHP13.pdf

190. Uono S, Hietanen JK. Eye contact perception in the West and East: a cross-cultural study. *PLOS One.* 2015 Feb 25;10(2):e0118094.

191. Reimann JOF, Ghulam M, Rodríguez-Reimann DI, Beylouni MF. *Bringing communities together for wellness: An assessment of emotional health needs among San Diego's Middle Eastern, North African, and East African groups.* 2005, San Diego: ICSD.

192. Brach C., & Fraser, I. Can cultural competency reduce racial and ethnic health disparities? A review and conceptual model. *Medical Care Research Review*, 2000, 57,(Supp. 1), 181-217.

193. Weiler D, Crist JD, Diabetes Self-Management in the Migrant Latino Population. *Hispanic Health Care International*, 2007 5(1), 27-33.

194. National Educational Association. Policy Brief. Global Competence Is a 21st Century Imperative. https://www.girlbossmath.com/uploads/1/1/7/5/117585876/nea_global_imperative.pdf

195. World Savvy. What is Global Competence? https://worldsavvy.org/global-competence/

196. Dyches C, Haynes-Ferere A, Haynes T. Fostering Cultural Competence in Nursing Students Through International Service Immersion Experiences. *Journal of Christian Nursing*. 2019 Apr/Jun;36(2):E29-E35.

197. Larson KL, Ott M, Miles JM. International cultural immersion: en vivo reflections in cultural competence. *Journal of Cultural Diversity*. 2010 Summer;17(2):44-50.

198. Mews C, Schuster S, Vajda C, Lindtner-Rudolph H, Schmidt LE, Bösner S, Güzelsoy L, Kressing F, Hallal H, Peters T, Gestmann M, Hempel L, Grützmann T, Sievers E, Knipper M. Cultural Competence and Global Health: Perspectives for Medical Education - Position paper of the GMA Committee on Cultural Competence and Global Health. *GMS Journal for Medical Education*. 2018 35(3):1-17.

199. Reimann, JOF, Rodríguez-Reimann, DI. *Community based health needs assessments with culturally distinct populations.* In A. Pelham & E. Sills (Eds.) Promoting Health & Wellness in Underserved Communities: Multidisciplinary Perspectives through Service-Learning Series (pp.82-100), 2010, Sterling, VA: Stylus Publishing.

200. Giddings LS & Grant BM. Mixed methods research for the novice researcher. *Contemporary Nurse*, 2006 23:3-11.

201. Access Community Health & Research Center https://www.accesscommunity.org/health-wellness/medical

202. World Health Organization. Monkeypox outbreak, 2022
https://www.who.int/emergencies/situations/
monkeypox-oubreak-2022

203. US Department of State, Exchange Visitor Program
https://j1visa.state.gov/

204. Martin N. Germany looks abroad for nurses, caregivers. *Deutsche Welle (DW)* 08/14/2020.
https://www.dw.com/en/
germany-looks-abroad-for-nurses-caregivers/a-54576126

205. Maaroufi M. Precarious Integration: Labour Market Policies for Refugees or Refugee Policies for the German Labour Market? *Refugee Review* Fall 2017 3:15-33.

206. Ziegler J. *US-educated doctors are sued for malpractice twice as frequently.* United Press International, 03/11/1986.

207. Global Skills Partnership. Center for Global Development.
https://www.cgdev.org/page/global-skill-partnerships

208. Khan Y, O'Sullivan T, Brown A, Tracey S, Gibson J, Genereux M, et al. Public health emergency preparedness: a framework to promote resilience. *BMC Public Health.* 2018, 18:1344.

209. Sushil M, Sharma K, Yogesh D, Gupta K, Kumar Y. Mass media for health education: a study in the State of Rajasthan. *Multidisciplinary International Journal.* 2017. 1:26–39.

210. Erlandson RA. Role of Electron Microscopy in Modern Diagnostic Surgical Pathology. *Modern Surgical Pathology.* 2009:71–84.

211. Hall N, Schmitz HP, Dedmon JM. Transnational Advocacy and NGOs in the Digital Era: New Forms of Networked Power, *International Studies Quarterly.* 2020 64(1):159–167.

212. Lurie SG. Global Health Equity and Advocacy: The roles of international Non-Governmental Organizations. *Health, Culture, and Society.* 2012, 2(1):104-114.

213. Gundersen C, & Ziliak, JP. Food Insecurity and Health Outcomes. *Health Affairs,* 2015, 34(11): 1807.

INDEX

DIE SERIE "EINWANDERER SCHREITET IN RICHTUNG WOHLSTAND"

BUCH 1

"Die praktischen Ratschläge der Autoren, kombiniert mit ihrem akademischen Hintergrund und ihrem humanitären Einfühlungsvermögen, sorgen für ein Standardwerk zur Einwanderung, das der vereinfachenden "Nullsummenspiel"-Analyse, die allzu oft Debatten zu diesem Thema umgibt, überzeugend entgegenwirkt." — Kirkus Bewertungen

BUCH 2

"Dieses Buch ist eine dringende Intervention, die entscheidende Unterscheidungen beleuchtet, neue Ansätze aufzeigt und zu mehr Verständnis anregt. Eine wertvolle Ressource, die einen psychologischen Kontext für diejenigen bietet, die mit Einwanderern arbeiten." — BookLife, *Publishers Weekly*

Preise und Rezensionen wurden für die englischsprachigen Bücher vergeben.

IM FOLGENDEN FINDEN SIE AUSZÜGE AUS DEM ERSTEN UND ZWEITEN BUCH DER REIHE.

Alle Texte sind vollständig in den Originalbüchern referenziert.

AUS *IMMIGRANT KONZEPTE: LEBENSWEGE ZUR INTEGRATION*

GROUP FOR IMMIGRANT RESETTLEMENT & ASSESSMENT (GIRA)

…unsere Arbeit als Psychologen umfasst häufig forensische Gutachten für Einwanderungsfälle (z. B. extreme Härtefälle; Asylanträge; Fälle von Missbrauch in der Ehe usw.). In einem anderen, jedoch verwandten Bereich haben wir universitäre Forschung im Bereich der öffentlichen Gesundheit und der Psychologie durchgeführt. Sowohl die Forschung als auch die klinischen Dienstleistungen haben sich weitgehend auf kulturell und sprachlich voneinander unterscheidende Populationen konzentriert (vor allem Latino-, ostafrikanische und nahöstliche Einwanderer und Flüchtlinge). Diese Arbeit wird noch weiter fortgesetzt. Solche Bemühungen sind insofern lohnend, als sie eine Vielzahl von Menschen positiv beeinflussen können.

Kurzum, wir sind immer bereit für ein neues Projekt. Jeder ist ein Abenteuer. Für uns lauten die aktuellen Fragen: Wie können wir unsere Erfahrungen zusätzlich konstruktiv nutzen? Können wir dazu beitragen, systematische Ansätze zu schaffen, die Zuwanderer bei ihren Bemühungen unterstützen, sich in einem neuen Land einzuleben? Wenn ja, wie machen wir das? Gibt es einen methodischen Ansatz, der für Menschen, die mit Zuwanderern arbeiten, nützlich ist?

Diese Fragen veranlassten uns vor einigen Jahren, die Group for Immigrant Resettlement & Assessment (GIRA) zu gründen. GIRA ist eine multidisziplinäre Einheit, eine Kombination aus klinischen und sozialen Psychologen, Forschern, Spezialisten für Karriereentwicklung, Leitern von gemeindebasierten Organisationen und anderen Personen mit einschlägiger Expertise. Unsere Gruppe hat es sich zur Aufgabe gemacht, psychometrische Maßnahmen zu entwickeln und dann auch anzuwenden, die relevante Informationen zu Einwanderungsprozessen hinzufügen, die fundierte Entscheidungen bei der Unterstützung von Einwanderern ermöglichen. In diesem Kontext interessieren wir uns für professionelle, nuancierte und unpolitische Ansätze, die zu Lösungen in derartigen Situationen beitragen.

Als Kliniker oder Sozialdienstleister hören wir uns in der Regel die Bedürfnisse und Umstände unserer Klienten an, um einen individuellen Hilfeplan (oder Behandlungsplan) zu erstellen. GIRAs Ziele sind im Wesentlichen die gleichen. Es beinhaltet die Entwicklung eines Instruments, des „Successful Immigrant Resettlement Inventory" (SIRI), das die primären Dimensionen, die in diesem Buch besprochen werden, bewertet und die entsprechend gezogenen Informationen nutzt, um die individuellen Bedürfnisse und Umstände einer Person zu eruieren.

SIRI umfasst ganz spezifisch grundlegende demografische Informationen und geht dann auf akkulturative/psychosoziale Stressoren, Offenheit für akkulturative und adaptive Prozesse, psychologische und Verhaltenstendenzen (einschließlich

Persönlichkeitsmerkmale und Resilienz), den physischen Gesundheitszustand und Beschäftigungs-/Karriereorientierungen ein. Sowohl Zuwanderer als auch Menschen, die ihnen helfen, können diese Informationen dann nutzen, um einen umfassenden und personalisierten Weg zum Erfolg zu entwickeln.

Darüber hinaus sind wir der Meinung, dass diese Art der Messung einen Nutzen haben kann, der die juristischen Verfahren in Einwanderungsfällen unterstützt. Beispielsweise fehlen den Asylbewerbern oft Dokumente, die ihre schwierige Geschichte „belegen." Die Überprüfung psychischer Symptome, die mit traumakausalen Störungen übereinstimmen, kann die Glaubwürdigkeit von legitimen Asylbewerbern erhöhen.

Kurz gesagt, SIRI kann für Nichtregierungsorganisationen (NGOs), gemeindebasierte Organisationen (CBOs), Regierungsstellen, Bildungssysteme und andere als Beurteilungs-und Serviceplanungswerkzeug dienen. Mit greifbaren Ergebnissen können Menschen, die an der Front arbeiten, Immigranten helfen, indem sie die richtigen Dienste identifizieren und nutzen. Diese Herangehensweise kann einen hindernisfreieren Akkulturationsprozess fördern und ermöglichen, indem er Menschen bei der Überwindung von Akkulturations- und Wiedereingliederungsbarrieren unterstützt. Zum Beispiel hat ein SIRI-Bericht das Potenzial, die Lebensqualität und positive soziale Beiträge zu verbessern, und zwar durch die Entwicklung effektiver Beschäftigungs-/Bildungspläne für Zuwanderer, die diese Form von Hilfe benötigen.

Ganz allgemein können die Informationen von SIRI die Einwanderungspolitik beeinflussen. Es kann so aufgezeigt werden, welche Arten von Dienstleistungen in bestimmten Gebieten und für bestimmte Personen am dringendsten benötigt werden.

Das wiederum kann uns helfen, Gelder und andere Ressourcen genau dort einzusetzen, wo sie den größten Nutzen bringen bewirken.

Zur gleichen Zeit könnte eine mehr-/ vielfache Beurteilung von Immigranten auch schwierige Fragen aufs Tapet bringen. Was ist, wenn die Gruppe Personen mit kriminellen und sogar terroristischen Risikofaktoren umfasst? SIRI ist kein Maßstab, an Hand dessen man einen Terroristen in einer Menschenmenge finden kann. Aber bei ordnungsgemäßer Anwendung können damit Wege aufgezeigt werden, wie das Radikalisierungsrisiko, speziell bei Menschen, die für sich keine Zukunft erkennen, gesenkt werden kann.

Viele Menschen, vor allem aus dem Nahen Osten, Nordafrika und anderen zumeist muslimischen Ländern, zögern vor Gesprächen über Radikalisierung, und das aus guten Gründen. Sie befürchten, stereotypisiert zu werden, weil ihnen das auch schon passiert ist. Viele sind selbst Opfer von Terroristen geworden. Sie kennen also die damit verbundenen Gefahren aus erster Hand. Doch in ihrer Wahlheimat werden sie oft mit genau den Menschen in einen Topf geworfen, vor denen sie geflohen sind. Das dürfte dann wohl im besten Fall verwirrend sein. Ebenso gibt es viel zu viele öffentliche Kommentare über Menschen aus Mexiko und Mittelamerika, die die eigentlichen Opfer von Kriminellen als „die" Kriminellen bezeichnen.

Dennoch können auch echte Bedenken vorliegen. Auch wenn nur eine sehr kleine Anzahl von Einwanderern Kriminelle und/oder Terroristen sind, müssen wir nur die Geschichte der Anschläge in den USA, Großbritannien, Spanien, Frankreich, Österreich und vielen anderen Ländern reflektieren, um zu wissen, dass ein paar Radikale viel Tod und Zerstörung verursachen können. Angesichts dieser Realität müssen wir die Fakten rund um die Radikalisierung besser verstehen lernen. Besteht ein substanzieller Zusammenhang zwischen Straftaten und Einwanderung? Wer wäre am ehesten geneigt, sich kriminellen/ terroristischen Gruppen anzuschließen? Sind Maßnahmen unsererseits möglich, um Menschen von solchen Entscheidungen abzubringen?

Kriminelle Aktivitäten unter Zuwanderern

In einigen Ländern ist das Ausmaß der Kriminalität unter im Ausland geborenen Personen geringer als unter der inländisch geborenen Bevölkerung. Informationen des US Bureau of Justice Statistics belegen, dass Insassen ohne Staatsbürgerschaft in Staats- und Bundesgefängnissen weniger als 6 % der gesamten Gefängnispopulation ausmachen. Alex Nowrasteh, Direktor für Einwanderungsstudien am Cato Institute, kam zu dem Schluss, dass „die kriminellen Verurteilungs- und Verhaftungsraten für Einwanderer (selbst im Fall der Menschen ohne Papiere) deutlich unter denen der gebürtigen Amerikaner liegen." Eine Gesamtanalyse von 51 US-Studien, die zwischen 1994 und 2014 zu diesem Thema veröffentlicht worden sind, ergab, dass Einwanderung, wenn überhaupt, eher mit reduzierten als mit erhöhten Kriminalitätsraten verbunden ist. Die Gründe für diesen Trend sind nach wie vor kaum bekannt. Es gibt jedoch zahlreiche Beweise dafür, dass dies in der jüngeren Geschichte durchweg der Fall war.

Untersuchungen zu diesem Thema in anderen Ländern der Welt haben gemischte Ergebnisse gezeigt. Kein Zusammenhang zwischen Einwanderungsstatus und Kriminalität wurde z. B. in Australien festgestellt. In Italien fanden Studien heraus, dass im Ausland geborene Personen von 1990-2003 tendenziell etwas häufiger Raubüberfälle begingen. Aber die Kriminalitätsrate insgesamt unter den nicht-einheimischen Einwohnern sank dann zwischen 2007 und 2016 um 65 %. Ähnlich dazu stellte eine Studie in Großbritannien fest, dass die locale Gefängnispopulation nicht wesentlich anstieg, weil Ausländer ein schweres Verbrechen begangen hatten.

Andererseits haben Untersuchungen in Deutschland, Norwegen, Spanien und einigen anderen Ländern über höhere Kriminalitätsraten berichtet, die auf Immigranten zurückgeführt werden, auch wenn in einigen Fällen nur relativ geringe Anstiege festgestellt wurden.

Besteht überhaupt eine Möglichkeit, die Dinge in den Griff zu bekommen, wenn die Kriminalitätsrate ein Problem ist? Einige Studien in der EU haben herausgefunden, dass für Menschen ohne Papiere einen legalen Status einzuräumen die Kriminalität reduzieren kann. Dies kann passieren, weil ein legaler Status mehr wirtschaftliche Möglichkeiten freigibt und allgemein Ängste und Frustrationen für die Menschen senkt.

Verbrechen gegen Immigranten

Die Kehrseite dieses Bildes zeigt die Sorge, dass Einwanderer zu oft eher Opfer als T äter von Verbrechen sind. Menschen, die vor Krieg und Verfolgung fliehen, können sehr anfällig für Missbrauch und Ausbeutung sein. Zum Beispiel sind 75 % oder mehr der syrischen Flüchtlinge gefährdete Frauen und Kinder. Selbst wenn sie es in die Flüchtlingslager schaffen, befürchten viele, dass sie dort vom Personal und anderen misshandelt werden. Einige weibliche Flüchtlinge werden schließlich sexuell ausgebeutet unter der Vorgabe, dass dies die einzige Möglichkeit sei, finanziell zu überleben.

In engem Zusammenhang mit dieser Situation ist der Sexhandel. Die American Civil Liberties Union (ACLU) berichtet, dass es sich in den USA bei fast allen Opfern von Sexhandel um durchschnittlich 20jährige Immigrantinnen handelt. Vor allem gefährdet sind Frauen mit unzureichender Bildung, limitierten Englischkenntnissen und ohne Wissen über den gesetzlichen Arbeitsschutz in den USA.

Auch aus anderen Teilen der Welt sind Berichte über das Schikanieren von Einwanderern bekannt. So stellte etwa eine Studie in Südafrika fest, dass 85 % der untersuchten im Ausland geborenen Personen Opfer von Verbrechen geworden waren. Zu den häufigsten Verbrechen zählten Einbrüche in Wohnungen und Plünderungen von Geschäften von Einwanderern.

Weitere kriminelle Aktivitätstypen, mit denen Zuwanderer konfrontiert werden, sind Raubüberfälle während der Migration und Hassverbrechen. Unsere Untersuchungen sowie andere Studien belegen jedoch, dass Opfer derartige Vorkommnisse nur selten den Behörden melden, weil sie sich davor fürchten, die Aufmerksamkeit auf sich zu ziehen und noch mehr zum Opfer zu werden.

Radikalisierung und Terrorismus

Terrorismus ist in den Nachrichten allgegenwärtig. Obwohl die Anzahl der beteiligten Personen relativ gering ist, ist uns doch allen bewusst, dass ein Gewalttäter allein bereits für viele andere Menschen großes Unglück verursachen kann. Wie schon gesagt, ist es jedoch auch wahr, dass einige Einwanderergruppen aufgrund ihrer Religion und Kleidung nur zu oft pauschal als „Terroristen" stereotypisiert werden.

Ob ein realer Zusammenhang zwischen Einwanderung und Terrorismus besteht, ist aber gar nicht ausreichend erforscht. Eine 2016er Studie ergab, dass ein höheres Maß an Migration mit einem geringeren Maß an Terrorismus im Gastland verbunden war. Zugleich steigern Migranten, die gerade eben aus terrorgefährdeten Staaten kommen, das Terrorismusrisiko im Gastgeberland. Einige der letztgenannten Befunde betreffen eventuell noch nicht einmal im Ausland geborene Personen. Als wir 2019 an einer Konferenz in London teilnahmen, hörten wir zum Beispiel anekdotische Befürchtungen, dass ISIS-Kämpfer, die aus ihrem Gebiet in Syrien vertrieben worden waren, nach Großbritannien kommen würden. Bei diesen handelte es sich aber nicht unbedingt um „Ausländer". Manche waren Inhaber eines britischen Passes auf dem „Heimweg".

Das Thema Radikalisierung ist hochkomplex. Gleich vorneweg: Es ist wichtig zu beachten, dass die Äußerung „radikaler" oder „extremistischer" Überzeugungen nicht automatisch bedeutet, dass die betreffende(n) Person(en) Gewalt begehen werden. Tatsächlich steht in einigen Nationen, einschließlich der USA, die Äußerung radikaler Ideen ohne Androhung oder Befürwortung von Gewalt unter dem Schutz der Verfassung (Deutschland: Meinungsfreiheit - Art. 5 Grundgesetz/ USA: Redefreiheit - Bill of Rights). Zum zweiten wurden terroristische Gewaltakte im Namen verschiedenster Ursachen begangen. Das umfasst sowohl einheimische als auch international Wurzeln. Die Massenerschießung vom 3. August 2019 in unserer alten Heimatstadt El Paso, Texas, wurde nicht von Einwanderern verübt, sondern von anti-mexikanischem Hass ausgelöst. Darüber hinaus bezeichnete das US Federal Bureau of Investigation (FBI) den wachsenden gewalttätigen Extremismus im Inland als die terroristische Bedrohung Nummer eins im Jahr 2021.

Um gewalttätigem Radikalismus entgegenzuwirken, müssen wir die Motivationen, Einstellungen, Weltanschauungen und Denkprozesse von Terroristen verstehen. „Verstehen" entschuldigt nicht oder findet keine Begründungen für ihr Verhalten. Vielmehr gilt das abgedroschene Sun Tzu-Zitat: (Paraphrasiert) Erkenne dich selbst, erkenne deinen Feind, und du wirst hundert Schlachten ohne Verlust gewinnen weist auf die Weisheit hin, zu erkennen, womit wir es zu tun haben, um effective Gegenmaßnahmen zu finden. Verhaltenswissenschaftler (z.B. Psychologen) haben viel beizutragen, wurden aber in diesem Bemühen zu wenig hinzugezogen.

Was sind denn ein paar Grundlagen zum Verständnis von Radikalisierung? Erstens ist es wichtig zu wissen, dass radikale Extremisten nicht alle einem Profil entsprechen. Diejenigen, die in Rekrutierungs- und Führungspositionen sind, werden zum Beispiel wahrscheinlich nicht selbst auf Selbstmordmissionen gehen, obwohl sie versuchen, andere zu gewinnen, die dazu bereit sind. Zweitens ist Terrorismus nicht notwendigerweise mit psychischen Störungen verbunden, obwohl dies eine verbreitete Vermutung ist.

Aber es gibt einige bekannte Risikofaktoren. Denjenigen, die anfällig für die Rekrutierung durch terroristische Gruppen sind, fehlt es oft an Selbstvertrauen und sie fühlen sich von der größeren Gesellschaft abgelehnt. Sie glauben, dass sie keinen Weg in eine gute Zukunft haben. Dann kommt ein Rekrutierer daher, der ihnen Zugehörigkeit, eine Art Familie und Brüderlichkeit und eine zentrale Rolle bei der Schaffung einer großen und gerechten neuen Welt verspricht. Selbst wenn sie sterben, wird ihnen 1) eine Belohnung im Jenseits versprochen und 2) dass man sich an sie als Märtyrer erinnern wird. Schließlich versprechen einige radikale Gruppen, sich nach dem Tod eines „Märtyrers" um die Familienangehörigen zu kümmern. Dieses „Verkaufsargument" kann für jemanden, der das Gefühl hat, nirgendwo hin zu gehören und keine Zukunft zu haben, zutiefst attraktiv sein.

Was kann man tun, um dieser Art von Radikalisierungsrisiko zu begegnen? Eine der interessantesten Ansichten, die wir gehört haben, stammt vom Soufan Center. Diese Gruppe ist keine Sozialdienstorganisation, sondern besteht größtenteils aus Fachleuten der Strafverfolgung und des Nachrichtendienstes, die in nationalen und internationalen Agenturen gearbeitet haben.

Die Publikation „Syria; The Humanitarian Security Nexus" des Soufan Centers aus dem Jahr 2017 argumentiert, dass humanitäre und sicherheitspolitische Belange von Flüchtlingen nicht getrennt voneinander behandelt werden können. Vielmehr sind sie zwei Seiten derselben Medaille. Menschen, die Hoffnung auf Akzeptanz, Chancen und eine positive Zukunft haben, sind viel eher in der Lage, den falschen Versprechungen radikaler Gruppen zu widerstehen. Dies kann nicht nur den Zuwanderern selbst helfen, sondern auch positive Auswirkungen auf ihre Kinder und Kindeskinder haben. Sozial- und Verhaltenswissenschaftler haben ähnliche Themen aufgegriffen, indem sie betonten, dass positive soziale und gemeinschaftliche Verbindungen, Unterstützung und Kooperation helfen können, gewalttätigen Extremismus zu vereiteln.

Die Bereitstellung vielseitiger, organisierter, integrierter und koordinierter Wege für Zuwanderer kann ihnen eine Leiter zum verdienten Erfolg bieten. Unterstützung und Anleitung ist eher eine konstruktive als eine bestrafende Maßnahme. Aber es setzt voraus, dass wir im Vorfeld eine gute Einschätzung der Bedürfnisse und Umstände der Menschen haben. GIRA versucht, eine solche Beurteilung zu fördern.

Fragen

- Wenn Sie Opfer eines Verbrechens wären, würden Sie sich wohl dabei fühlen, die Polizei oder andere Behörden zu benachrichtigen? Wenn nicht, welche Maßnahmen der Strafverfolgungsbehörden würden Ihnen mehr Vertrauen geben, dass die Anzeige einer Straftat ein gutes Ergebnis für Sie haben würde?
- Haben Sie das Gefühl, Vorurteilen und Hass ausgesetzt zu sein?
- Was lässt Sie durchhalten, auch wenn Sie negative Erfahrungen gemacht haben?

Ressourcen

- Viele Organisationen helfen Mitgliedern von radikalen Gruppen, die desillusioniert sind und dieses Leben verlassen wollen. Diese Organisationen behandeln sowohl internationale terroristen als auch lokale rechtsgerichtete Hassgruppen.
- Um mehr über die Bekämpfung von gewalttätigem Extremismus zu erfahren, lesen Sie bitte einen Überblick zum Thema unter: https://www.cidob.org/en/articulos/revista_cidob_d_afers_internacionals/128/deradicalisation_in_germany_preventing_and_countering_violent_extremism

AUS *PSYCHOLOGIE DER ENWANDERER: HERZ, VERSTAND, UND SEELE*

UMWELTSTRESSOREN UND PSYCHISCHE FOLGEN

Akkulturationsstress

Menschen wandern aus vielen Gründen aus, manche, um in hochspezialisierten Branchen beruflich voranzukommen, andere, um der Armut zu entkommen und ihren Kindern eine bessere Zukunft zu sichern. Einige wandern aus, um Krieg, Verfolgung, Klimawandel oder Gewalt zu entfliehen.

Trotz unterschiedlicher Beweggründe haben alle Migranten eines gemeinsam: Der Umzug in ein neues Land ist in der Regel mit Stress verbunden. Selbst bei optimalen Bedingungen ist das Erlernen neuer Bräuche und einer neuen Sprache für die meisten eine Herausforderung. Es kommt mindestens zu einer Störung der persönlichen Routine, des Schlafrhythmus und etablierter Gewohnheiten.

Vor allem bei denjenigen, die vor Krieg und Verfolgung fliehen, können mehrere Stressoren auftreten. Diese lassen sich in drei allgemeine Kategorien einteilen. Zunächst einmal haben die Betroffenen möglicherweise traumatische Ereignisse wie Krieg, Folter, körperliche Übergriffe einschließlich Vergewaltigung, und den Verlust von Angehörigen in ihrem Herkunftsland erlebt.

Zweitens wäre da der Stress der Reise an sich. Für Flüchtlinge und auch Menschen, die vor Armut fliehen, bedeutet Migration oft, mehrere Länder zu durchqueren und manchmal Monate oder sogar Jahre in Flüchtlingslagern auszuharren. Die Flucht kann sie an Orte führen, an denen sie nicht willkommen sind und wo sie auf unterschiedlichste Art und Weise missbraucht werden. Zu den üblichen Missbrauchsformen gehören

Zwangsarbeit, sexuelle Ausbeutung, Erpressung und Raub. Die folgenden drei Beispiele illustrieren solche Reisen.

Die üblichen Reiserouten von Flüchtlingen aus dem Nahen Osten führen von Syrien nach Libyen und dann weiter nach Europa. Ostafrikanische Flüchtlinge aus Somalia fliehen oft nach Kenia oder Äthiopien, bevor sie zu ihrem endgültiges Ziel weiterreisen. Viele Menschen aus Mittelamerika reisen über Mexiko in die USA ein. Bei solchen Reisen ist vor allem die Ausbeutung von Kindern, einschließlich unbegleiteter Minderjährigen, besorgniserregend, da sie eine besonders schutzbedürftige Bevölkerungsgruppe darstellen.

Zweitens kann eine Reise auch unter günstigen Umständen mehrere Zwischenstopps umfassen, die jeweils eine gewisse Anpassung an die neuen Umstände erfordern. Wie sich kürzlich an der Grenze zwischen den USA und Mexiko gezeigt hat, ist zudem die Aufnahme im angestrebten endgültigen Zielland keineswegs garantiert.

Drittens ist es notwendig, sich an das besondere Umfeld des neuen Landes anzupassen. Dadurch müssen Migranten z.B. routinemäßige Fähigkeiten wie das Verstehen neuer Straßenschilder und das Fahren auf einer anderen Straßenseite erlernen. Aber auch komplexere Herausforderungen wie das Erlernen einer neuen Sprache und die Anpassung an unterschiedliche Bildungssysteme, anderer Arbeitsanforderungen, Gesetze und Bräuche sind keine Seltenheit.

Angesichts dieser Bedingungen ist es kein Wunder, dass Akkulturationsstress (manchmal auch Migrationsstress und Relocation Stress Syndrom genannt) in der wissenschaftlichen und klinischen Literatur als ein ernstzunehmendes Problem anerkannt wird, das Lösungen erfordert.

Diese Problematiken sind folglich in offiziellen Diagnose-
büchern aufgeführt, anhand derer psychische Beschwerden
identifiziert werden. Sowohl das Diagnostics and Statistical
Manual of Mental Disorders, 5. Ausgabe (DSM-5) der American Psychiatric Association als auch die International Classification of Diseases, 10. Ausgabe (ICD-10) führen „acculturation
difficulty" (Akkulturationsschwierigkeiten) als Begriff auf. In
ICD-10 wird diese Problematik als „a problem with migration"
(Migrationsproblem) und „problem with social transplantation"
(Problem der sozialen Verpflanzung) beschrieben.

Welche psychischen Beschwerden können auf Akkulturationsstress zurückzuführen sein? Angstzustände, Sorgen,
Depressionen, Einsamkeit und in einigen schwerwiegenden Fällen auch Drogenmissbrauch sind allesamt belastende psychische
Symptome, die mit dem Prozess der Anpassung an ein fremdes Land einhergehen. All diese Stressoren beeinträchtigen die
Fähigkeit einer Person, mit anderen in Kontakt zu treten, was
die Situation des Migranten noch zusätzlich verschlimmert. Es
ist jedoch erwähnenswert, dass nicht alle Fälle schwerwiegend
sind. Manche leiden nur unter leichten Spannungen, die sich
mit der Zeit auflösen.

Akkulturationsstress kann sich auch in Form von körper-
lichen Symptomen äußern. Dies liegt zum Teil daran, dass
Angstzustände häufig mit physiologischen Reaktionen wie
Kurzatmigkeit und Schmerzen in der Brust einhergehen.
(Weiter hinten im Buch werden die psychischen Symptome bei
Angstzuständen im Detail erörtert.) Sowohl Angstzustände als
auch Depressionen können eine ungesund erhöhte oder verrin-
gerte Aktivität des Herzens und der Blutgefäße verursachen.
Änderungen hinsichtlich des Appetits und die Einnahme von

verschriebenen (und anderen) Medikamenten können ebenfalls zu körperlichen Beschwerden führen.

Darüber hinaus können emotionale Symptome in Kombination mit körperlichen Reaktionen dazu beitragen, dass die Betroffenen aufgrund ihrer geschwächten Abwehrkräfte anfälliger für bestimmte Krankheiten sind. Die Beschwerden können sich immer weiter verschärfen, weil die in Bedrängnis geratenen Betroffenen sich nicht mehr selbst versorgen können. Dieser Prozess führt zu einem Teufelskreis, bei dem körperliche und emotionale Beschwerden ineinandergreifen, sich gegenseitig verstärken und dadurch beide verschlimmern. Kurz gesagt: Akkulturationsstress wirkt sich auf eine Reihe komplexer körperlicher und psychischer Leiden aus.

Auch der fehlende Zugang zu gesundheitlichen Leistungen verschlimmert psychische und physische Gesundheitsbeschwerden. Schon ein Umzug in einen neuen Bundesstaat oder eine neue Stadt innerhalb desselben Landes kann einen Wechsel des Gesundheitsdienstleisters und manchmal auch des Versicherungsschutzes bedeuten. Bei einem Umzug in ein neues Land können Sprachbarrieren und die Unkenntnis der Gesundheitspolitik und -systeme hinzukommen, was den Akkulturationsstress nur weiter verstärkt.

Wie verbreitet ist Akkulturationsstress? Dies variiert stark zwischen den einzelnen Bevölkerungsgruppen und jeweiligen Migrationsumständen. Genaue statistische Angaben liegen nicht vor. Bemerkenswert ist jedoch, dass einer Schätzung zufolge die Prävalenz schwerer Posttraumatischer Belastungsstörungen (PTBS) unter Migranten besonders hoch ist (47 %), was wiederum insbesondere auf Flüchtlinge zutrifft. PTBS wird hier erwähnt, weil sie zwar nicht automatisch mit

Akkulturationsstress gleichzusetzen ist, es aber häufig zu Überschneidungen zwischen beiden Beschwerden kommt.

Wer ist am meisten gefährdet? Es ist vielleicht nicht weiter verwunderlich, dass das Ausmaß des Akkulturationsstresses davon abhängig ist, inwieweit das neue Land dem Herkunftsland des Migranten ähnelt oder sich von ihm unterscheidet. Dies gilt auch für das politische System und die Einstellung der Gesellschaft in der neuen Kultur. Kurz gesagt, wenn sich die neue Kultur stark von der Herkunftskultur eines Neuankömmlings unterscheidet, ist die Wahrscheinlichkeit größer, dass dieser Akkulturationsstress erfährt.

Migranten, die aufgrund ihrer beruflichen Kenntnisse sehr gefragt sind und/oder deren körperliche Merkmale, Sprache, Traditionen und Religionen der lokalen Mehrheitsbevölkerung ähneln, haben es in der Regel leichter, sich zu akkulturieren. Andererseits haben Migranten, die „anders" aussehen und/oder sich in einer schlechteren wirtschaftlichen Lage befinden, tendenziell größere Anpassungsschwierigkeiten. Bei Letzteren ist es wahrscheinlicher, dass die Neuankömmlinge mit negative Stereotypen und negativen Haltungen seitens der Einheimischen konfrontiert werden.

Einige Migranten verfügen über professionelle Kenntnisse und Erfahrungen, die in ihrem neuen Land nicht anerkannt werden (z.B. im Ausland ausgebildete Anwälte und Gesundheitsdienstleister) und haben daher ausbildungstechnische und berufliche Hindernisse zu überwinden. Dazu gehört auch, dass sie sich mit den örtlichen Vorschriften und Praktiken vertraut machen müssen. In einigen Fällen bedeutet dies, dass sie in dem neuen Land erneut eine Zulassung zur Berufsausübung erwerben müssen. Je nachdem, aus welchem Land jemand eingewandert ist, kann die Anerkennung einer ausländischen

Berufsausbildung in einem neuen Land (und die anschließende Erteilung der Zulassung in diesem Land) recht kompliziert sein.

Ein weiterer Faktor, der zum Akkulturationsstress beiträgt, ist die Frage, ob die Migration einer Person freiwillig erfolgte oder nicht. Einer Quelle zufolge erleben unfreiwillige Migranten rund 50 % mehr Akkulturationsstress als diejenigen, die ihr Herkunftsland unter positiveren Umständen verlassen haben.

Auch neigen Migranten ohne offizielle Papiere zu erheblich stärkerem Akkulturationsstress. Das Fehlen rechtsgültiger Unterlagen schränkt ihre Arbeitsmöglichkeiten ein, macht sie anfälliger für Ausbeutung (z.B. Arbeit unter gefährlichen Bedingungen, zu niedrigen Löhnen oder als Opfer von Menschenhandel zum Zwecke der Prostitution) und lässt sie oft in Angst vor Razzien gegen illegale Einwanderer leben. Diese Razzien können dazu führen, dass Familien getrennt werden: Einige Familienmitglieder werden abgeschoben, andere nicht. Dies ist keine Seltenheit. Entsprechenden Erhebungen aus den Vereinigten Staaten aus dem Jahr 2017 zufolge gab es beispielsweise schätzungsweise 16,7 Millionen Familien, in denen sowohl dokumentierte als auch undokumentierte Familienmitglieder im selben Haushalt lebten. 5,9 Millionen davon waren in den USA geborene Kinder. Darüber hinaus leben 4,4 Millionen Kinder unter 18 Jahren mit mindestens einem Elternteil ohne Papiere zusammen. Schätzungsweise eine halbe Million Kinder mit amerikanischer Staatsbürgerschaft waren zwischen 2011 und 2013 von der Abschiebung mindestens eines Elternteils betroffen.

Natürlich sind solche Familientrennungen aufgrund einer Abschiebung besonders schmerzhaft und schwierig für die Betroffenen sowie oftmals überaus belastend für die zurückbleibenden Familienmitglieder. Dies kann insbesondere bei Kindern schwerwiegende Folgen haben. In einem Bericht des Immigration Council wird ein Zusammenhang zwischen der Abschiebung der Eltern und emotionalen Störungen bei Kindern hergeleitet. Dazu gehört auch Stress, der die Entwicklung des Gehirns beeinträchtigt, zu schlechteren Bildungsergebnissen führt und bei Minderjährigen zur Involvierung des Kinderfürsorgesystems führen kann.

> **Fallbeispiel von Joachim Reimann:**
> Auch wenn es sich nicht um Kinder handelte, so ist doch ein Beispiel aus unserer klinischen Praxis zu nennen, das die mit der Abschiebung verbundene Problematik veranschaulicht: Ein in den USA geborener Ehemann musste nach Tijuana, Mexiko, umziehen und reiste jeden Tag über die Grenze, um bei seiner Frau ohne US-Aufenthaltsgenehmigung sein zu können –und das obwohl er aktiver Soldat der Streitkräfte der USA war. Der Ehemann war besonders um seine Sicherheit und die seiner Familie besorgt. In Tijuana hatte es bereits mehrere Entführungen mit Lösegeldforderungen gegeben, und er glaubte, dass sein militärischer Status seine Familie zu einem interessanten Ziel für ein solches Delikt machte.

Weiter hinten im Buch gehen wir darauf ein, wie die Dokumentation psychischer Beschwerden bei einem diesbezüglichen juristischen Verfahren hilfreich sein kann. An dieser Stelle genügt es jedoch zu sagen, dass die damit verbundenen Verfahren langwierig, kompliziert und schwierig sind, was sie sehr anstrengend macht für die jeweiligen Betroffenen.

Wie bereits erwähnt, sind Kinder und Jugendliche nicht immun gegen Akkulturationsstress. Dieser kann durch eine Vielzahl von Faktoren ausgelöst werden, darunter durch den rechtlichen Status der Familie und die Frage, ob die jeweilige Migration durch Krieg oder kriminelle Bedrohungen erzwungen wurde, da dies häufig mit einer geringeren wirtschaftlichen Sicherheit verbunden sind.

Es gibt aber auch etwas Positives im Zusammenhang mit Migrationen zu berichten. Seit Jahren, insbesondere seit 1986, stellen Forscher fest, dass manche Einwanderergruppen sogar eine bessere körperliche und geistige Gesundheit aufweisen als die übrige Bevölkerung des Landes, in dem sie leben. Asiatische, lateinamerikanische und karibische Migranten haben beispielsweise eine niedrigere Rate an psychischen Erkrankungen als ihre Mitbürger ohne Migrationshintergrund. Angesichts der wirtschaftlichen und anderen Stressoren, denen viele Migranten ausgesetzt sind, mag diese Tatsache kontraintuitiv erscheinen und wurde als „epidemiologisches Paradoxon", „hispanisches Paradoxon" oder „Migrantenparadoxon" bezeichnet.

Was sind die Gründe für diese unerwarteten Tendenzen? Ein Faktor mag sein, dass Migranten (aus welchen Gründen auch immer) eher mutiger Natur sind. Sie sind bereit, das Alte und Vertraute für das Neue und weitgehend Unbekannte aufzugeben. Außerdem müssen Migranten ziemlich gesund sein, um solche langen, komplexen und potenziell gefährlichen Reisen zu unternehmen (und diese zu überleben). Zudem bringen Migranten gesunde Teile ihrer Kultur mit. Dazu gehören ihre traditionelle Ernährung ohne ungesundes Fast Food, mehr körperlicher Aktivität sowie ein enges, unterstützendes Familiennetzwerk.

Auch das Zusammenleben mehrerer Generationen in einem Haushalt kann hilfreich sein. Während der Pandemie kann ein beengter Haushalt eine Ausbreitungsquelle für COVID-19 sein, aber Studien belegen, dass Mehrgenerationenhaushalte bei westindischen und lateinamerikanischen Migrantengruppen die Zahl der Wohnungseigentümer, die emotionale Unterstützung unter Familienmitgliedern sowie praktische Vorteile wie eine leichter verfügbare Kinderbetreuung erhöhen.

Darüber hinaus kann auch der Glaube an eine Religion einen positiven Einfluss haben. In einer Studie mit Frauen aus lateinamerikanischen Ländern wurde berichtet, dass der Akkulturationsstress geringer ausfiel, wenn die Frauen einen tieferen religiösen Glauben hatten. Auch wenn dies keine allumfassende Lösung ist, können Gebete und andere auf einem Glauben basierende Meditationen, unabhängig von der spezifischen Glaubensvorstellung, zur Verringerung von Stress beitragen.

Andere Studien haben ergeben, dass der Wunsch nach Akkulturation hilfreich ist. Dies kann auf die Einsicht zurückzuführen sein, dass eine Rückkehr ins Herkunftsland eines Migranten nicht wünschenswert oder machbar ist.

Kinder und Jugendliche erfahren bei der Akkulturation sowohl Vorteile als auch Nachteile. Sie lernen Sprachen in der Regel schneller als die erwachsenen Migranten und passen sich leichter an eine neue Umgebung an als Erwachsene. Dies kann jedoch sowohl positive als auch negative Folgen haben. Zu den negativen Aspekten gehört, dass die traditionellen Rollen in Bezug auf Macht und Autorität innerhalb der Familie ins Wanken geraten können. Kinder und Jugendliche tragen unter Umständen mehr Verantwortung bei der Bewältigung der Herausforderungen im jeweils neuen Land. Notgedrungen finden sie sich oft in der Rolle des Führers und Dolmetschers für ihre Eltern wieder. Solche Rollen sind zwar praktisch für die Migrantenfamilien, können aber mit traditionellen Normen kollidieren, zu Unmut unter den Familienmitgliedern führen und den Kindern Verantwortlichkeiten auferlegen, für die sie entwicklungsmäßig noch nicht bereit sind.

Langfristig gesehen dürfte diese schnellere Akkulturation für Kinder hilfreich sein, wenn sie erst einmal erwachsen sind. In einer Studie, die den Spracherwerb und den Erfolg von Latino/a-Jugendlichen in der Gesellschaft untersuchte, hatten diejenigen, die schneller Englisch gelernt hatten, in vielen Bereichen ihres neuen Heimatlandes positivere Erfahrungen gemacht. Doch wie bereits erwähnt, kann eine schnellere Akkulturation auch zu familiären Konflikten und ungesunden Abhängigkeiten führen.

Zusammenfassend kann man sagen, dass folgende Faktoren dazu führen können, dass Migranten anfälliger für Akkulturationsstress sind:

1. Traumatische Erlebnisse in ihrem Herkunftsland und/oder während ihrer Reise in ein neues Land;

2. Erlebnisse von Diskriminierung und mangelnder Akzeptanz im neuen Land;

3. Negative Veränderungen des sozioökonomischen Status und/oder anhaltende Armut;

4. Ältere Migranten, die mehr Schwierigkeiten haben, sich an neue Bräuche zu gewöhnen und eine neue Sprache zu lernen;

Folgende Faktoren können Migranten hingegen vor Akkulturationsstress bewahren:

1. Ähnlichkeiten zwischen den Kulturen des Herkunftslandes und des neuen Landes;

2. Wenn im Herkunftsland und im neuen Land die gleiche Sprache gesprochen wird;

3. Der Migrant verfügt über Fähigkeiten und Kenntnisse, die im neuen Land besonders geschätzt werden;

4. Der Migrant ist der Mehrheitsbevölkerung im neuen Land physisch ähnlich (in Bezug auf ethnische Merkmale) und „fällt somit nicht auf".

5. Migranten haben ein starkes soziales und familiars Unterstützungsnetzwerk.

Traumata: Vergewaltigung, Folter und Andere Verletzungen

Wie bereits erwähnt, kommt es bei Migranten, die aus ihrem Heimatland fliehen mussten und nur über geringe wirtschaftliche Mittel verfügen, leider häufig zu traumatischen Erfahrungen. In diesem Abschnitt wird das Thema traumatische Erlebnisse von Migranten eingehender erörtert.

Die Zahl der Migranten, die 1) in ihrem Herkunftsland, 2) während der Reise, 3) in ihrer Wahlheimat oder 4) in einer Kombination dieser Gegebenheiten eine traumatische Erfahrung machen, ist nicht genau bekannt. Behörden und andere Organisationen haben meist nur enige oder gar keine statistischen Angaben dazu vorliegen. Migranten schrecken oft davor zurück, traumatische Vorfälle zu melden, weil sie befürchten, dass sie unerwünschte Aufmerksamkeit erregen. Uns liegen dennoch ein paar Informationen vor.

So sind beispielsweise Migranten, die eine erzwungene Migration hinter sich haben, und Personen ohne legalen Status besonders gefährdet, ein Trauma zu erleiden. In einem Bericht des Washington Examiner35 aus dem Jahr 2018 ist innerhalb eines einzigen Jahres die Rede von 2.200 Todesfällen, 180.000 Vergewaltigungen und erzwungenen Sexualhandlungen, 81.000

Fällen von erzwungenem Drogenschmuggel sowie 27.000 Fällen von Menschenhandel.

Nachfolgend einige Statistiken zu bestimmten Regionen: Seit vielen Jahren sind die Migrationszahlen aus Mexiko und Zentralamerika in die USA besonders hoch. Aus einem Bericht des Center for Immigration Studies geht hervor, dass 68,3 % der Migranten aus dem nördlichen Länderdreieck Zentralamerikas (Honduras, Guatemala, El Salvador) angaben, Opfer von Gewalt geworden zu sein. Darüber hinaus gaben 38,7 % an, zwei derartige Vorfälle erlebt zu haben, und 11,3 % berichteten von drei Vorfällen. Zu gewalttätigen Übergriffen kann es sowohl im Herkunftsland der Migranten als auch auf der Reise zu ihren Zielorten kommen.

Zu den konkreten gewalttätigen Vorfällen gehörten verschiedene Arten von körperlichen Übergriffen und sexuellem Missbrauch. Sieben Prozent (7 %) dieser Migranten gaben an, dass auf sie geschossen worden sei. Zu den Gewalttätern während der Reise der Migranten gehörten kriminelle Banden und aber auch Mitglieder der örtlichen Sicherheitskräfte.

Darüber hinaus wurden zahlreiche Fälle von Ausbeutung gemeldet. Dazu gehörte die Erpressung von Bestechungsgeldern ebenso wie die Einforderung von sexuellen Handlungen im Gegenzug für die Organisatoren der Reise, Schutz unterwegs oder der Unterbringung. In unserer klinischen Praxis haben wir von Mädchen im Alter von 13 Jahren erfahren, die sexuell ausgebeutet und zum Teil auch geschwängert wurden.

Menschen, die die Grenze zwischen den USA und Mexiko überqueren, kommen nicht nur aus lateinamerikanischen Ländern. Einige stammen ursprünglich aus dem Nahen Osten und anderen Regionen. Wir haben erfahren, dass eine häufig genutzte Route mit einer Reise in ein europäisches Land beginnt.

Für Migranten, die über wirtschaftliche Mittel verfügen, folgt dann ein Flug nach Mexiko-Stadt oder in eine andere mexikanische Großstadt, vermutlich weil die Einreisebestimmungen dort lockerer sind. Anschließend nehmen die Migranten einen Regionalflug in eine Stadt an der amerikanisch-mexikanischen Grenze, wie Ciudad Juarez oder Tijuana, Mexiko. Schließlich geben sie sich bei den amerikanischen Grenzbehörden als Asylbewerber aus oder versuchen einfach, auf eigene Faust die Grenze zu überqueren. Die Anzahl der Migranten, die diese Routen zurückgelegt und traumatische Ereignisse erlebt haben, ist nicht bekannt. Angesichts der Tatsache, dass sie aus ihren Heimatländern geflohen sind, weil sie dort wahrscheinlich in irgendeiner Form bedroht wurden, ist jedoch davon auszugehen, dass es sich um eine entsprechend hohe Zahl handelt.

In Europa gibt es wenige Statistiken dazu. Die European Union Agency for Fundamental Rights (FRA) räumt ein, dass die meisten staatlichen Stellen in der EU diese Art von Informationen über traumatische Erfahrungen nicht erfassen. Die griechischen Asylbehörden berichten jedoch, dass im Jahr 2016 577 der Antragsteller angaben, Folter, Vergewaltigung oder andere sexuelle Gewalt überlebt zu haben. Die moisten von ihnen kamen aus Syrien, dem Irak oder aus Afghanistan.

Zwar gibt es auch hierzu nur wenige eindeutige Statistiken, aber die FRA berichtet, dass auch die Polizei und andere Behörden übermäßige Gewalt und damit verbundene Misshandlungen gegen in Europa ankommende Migranten angewandt haben. Zu den konkreten Vorfällen gehören der Einsatz von nicht angeleinten Hunden, Pfefferspray, Schläge, verbale Einschüchterung und das Wegnehmen von warmer Kleidung. Als Länder, in denen es zu solchen Übergriffen kam, wurden Ungarn, Bulgarien und Griechenland genannt.

Bei unseren Recherchen in San Diego innerhalb der Bevölkerungsgruppen aus dem Nahen Osten und Ostafrika konnten wir feststellen, dass die Mehrheit dieser Migranten (56 %) angab, in ihren Herkunftsländern in irgendeiner Form verfolgt worden zu sein. Von diesen waren 17 % gefoltert worden, meistens wegen ihrer religiösen Überzeugungen und/oder ihrer kulturellen und stammesbedingten Zugehörigkeit. Weitere 37 % gaben an, in den USA in irgendeiner Form belästigt worden zu sein. Darunter fielen auch sogenannte „hate crimes", bzw. Verbrechen, die aus Hass oder wegen Vorurteilen begangen wurden. Unsere klinischen Erfahrungen zeigen, dass sich die von uns aufgezeigten Verhältnisse im Laufe der Zeit nicht wesentlich gemindert haben.

Unsere klinische Arbeit umfasste auch Dienste für Betroffene, die angaben, gefoltert worden zu sein. Einige Formen von Folter wurden von Einzelpersonen und brutalen kriminellen Gruppen verübt. Bei anderen handelte es sich um organisierte, staatlich angeordnete Folter, die ein systematisches Protokoll befolgte und politisch motiviert war.

Ein typisches Beispiel aus einem Land im Nahen Osten lautet wie folgt: Einzelpersonen wurden von den örtlichen Behörden abgeholt und der Aufwiegelung gegen die Regierung beschuldigt. Sie gehörten zumeist religiösen und/oder ethnischen Minderheiten an und weigerten sich möglicherweise, der regierenden politischen Partei beizutreten. In den meisten Fällen waren sie nicht Mitglied einer organisierten Widerstandsgruppe, da solche Organisationen über bessere Mittel zum Schutz ihrer Mitglieder verfügen.

Die Personen wurden in einer dunklen Zelle inhaftiert, in der sie isoliert waren, aber die Schreie anderer Häftlinge hören konnten, die vermutlich gefoltert wurden. Nahrung und sanitäre Einrichtungen wurden ihnen weitgehend verweigert. Anschließend wurden sie wiederholt verhört und geschlagen. In einem uns bekannten Fall wurde die Mutter eines männlichen Häftlings festgehalten, nackt ausgezogen und vor seinen Augen verprügelt. Einzelpersonen wurden auch in einen Innenhof gebracht, wo ihnen gesagt wurde, dass sie getötet werden würden. Nach wiederholten Schlägen, Einschüchterungen, Isolation und Todesdrohungen wurde diesen Menschen schließlich ein Ausweg aus dem Gefängnis angeboten. Konkret wurde ihnen gesagt, dass sie ein schriftliches Geständnis über ihre (oft nicht begangenen) Verbrechen gegen die Regierung ablegen und sich bereit erklären müssten, ihre Familienmitglieder, Freunde und Nachbarn zu bespitzeln, wenn sie freigelassen werden wollten. Anschließend mussten sie der Regierung alle vermeintlich verdächtigen Aktivitäten melden. Es ist nicht weiter verwunderlich, dass die Betroffenen diesen Forderungen oft zustimmten, um das Gefängnis verlassen zu können.

Einige, die diese Folter erlitten haben, sind anschließend aus dem Land geflohen. Dieser Prozess ist mit politischen Gefahren behaftet. Manche werden in einem anderen Land ohne amtliche Papiere aufgegriffen und in ihr Heimatland zurückgeschickt. Dort wird davon ausgegangen, dass sie gegen ihre „Vereinbarung" verstoßen haben und geflohen sind, beides

Umstände, die zu noch härteren Strafen bis hin zum Tod führen können. Möglicherweise haben auch Personen mit ihren Entführern kooperiert, bevor sie ins Ausland flohen. Sie können dann als Gewalttäter identifiziert und von ihren Mitmigranten als „Bösewichte" angesehen werden.

Nicht Verarbeitete Trauer

Es ist also nicht verwunderlich, dass die oben beschriebenen Ereignisse und Umstände oft zu großer Trauer und einem Gefühl des Verlustes führen. Dies ist denn auch unser nächstes Thema.

Todesfälle unter Migranten: Eine Quelle der psychischen Belastung für Migranten und ihre Familien kann die erlebte Trauer sein. Viele haben durch Krieg, Verfolgung, Bandengewalt und andere Ereignisse Angehörige verloren. Andere wissen vielleicht nicht, ob verschollene oder entführte Familienmitglieder noch am Leben sind. Zu solchen Ereignissen kann es sowohl im Herkunftsland eines Migranten als auch während der Reise in ein neues Heimatland kommen. Wenn diese Umstände nicht geklärt werden, kann sich daraus ein schwerwiegendes Problem entwickeln, das klinisch als „komplizierte Trauer" bzw. „anhaltende Trauerstörung" oder auch „pathologische Trauer" bezeichnet wird.

Die Wahrscheinlichkeit eines Todesfalls unter Migranten, die in ein neues Heimatland reisen, ist erheblich. Die genaue Zahl der Menschen, die während ihres Migrationsprozesses ihr Leben verloren haben, lässt sich nicht beziffern. Viele dieser Vorkommnisse werden nicht erfasst. Mehrere international Organisationen und lokale Initiativen haben jedoch versucht, sie zu dokumentieren. Hier sind einige darauf basierende Schätzungen.

Weltweit wurden seit dem Jahr 1996 mehr als 75.000 Todesfälle unter Migranten registriert. Diese Zahl verdeutlicht nicht nur die Problematik der Todesfälle unter Migranten, sondern kann auch Aufschluss darüber geben, welche Auswirkungen diese Vorfälle auf die zurückbleibenden Familienmitglieder haben können.

Das Missing Migrants Project der International Organization of Migration (IOM) ist ein Versuch, Statistiken über Migranten zu erstellen. IOM kombiniert Daten aus vielen verschiedenen Quellen und verwendet diese, um Todesfälle bei Migranten während ihres internationalen Migrationsprozesses zu erfassen. Das Projekt erfasst auch Migranten, die bei der Überquerung von Gewässern (meist in Booten) verschwunden sind. Aus praktischer und politischer Sicht kann dies dazu beitragen, Todesfälle an verschiedenen Grenzen zu identifizieren und Informationen über besonders gefährliche Migrationsrouten zu gewinnen. Die Zahlen enthalten jedoch in der Regel nicht die Todesfälle, zu denen es in Flüchtlingslagern, Haftanstalten, während der Abschiebung oder bei der erzwungenen Rückkehr von Migranten an ihren Herkunftsort kam.

Aus den IOM-Daten zu Todesfällen oder zu dem Verschwinden von mehr als 33.400 Frauen, Männern und Kindern seit Beginn der Erhebung dieser Daten im Jahr 2014 lässt sich eine weltweite Tendenz ablesen. Die meisten dieser Todesfälle (18.500) ereigneten sich im Mittelmeer. Die zentrale Mittelmeerroute von Nordafrika nach Italien weist mit 15.500

Toten zwischen Januar 2014 und Oktober 2019 die höchste Todeszahl und die meisten Verschollenen auf.

Auch auf dem afrikanischen Kontinent wurden mehr als 7.400 Todesopfer registriert. Viele davon ereigneten sich, als Menschen versuchten, die Sahara zu durchqueren. Darüber hinaus wurden mehr als 3.000 Sterbefälle auf Migrationen in Asien zurückgeführt, zuletzt im Zusammenhang mit der Migration aus Myanmar durch das Volk der Rohingya (eine ethnische Gruppe in der Region).

In Zentralamerika wurden seit dem Jahr 2014 mehr als 3.600 Menschen während einer Migration als vermisst gemeldet. Etwa

60 % dieser Vorfälle wurden an der Grenze zwischen den USA und Mexiko dokumentiert.

Der Tod von Migranten kann besonders „real" und schockierend sein, wenn dieser sich in der Nähe unseres eigenen Wohnorts ereignet, selbst wenn es sich um unbekannte Menschen handelt. Am Morgen des 2. Mai 2021, als wir in San Diego County dieses Buch schrieben, lief bei rauer See ein 40-Fuß-Kajütboot mit schätzungsweise 30 Migranten ohne Papiere an Bord auf ein Riff auf und brach an einem der Strände vor der Küste San Diegos auseinander. Trotz intensiver Rettungsbemühungen starben mindestens vier Menschen und viele weitere wurden in eine Klinik eingeliefert. Berichten zufolge war das Boot nicht seetauglich – das Hauptziel der Schmuggler ist Profit, nicht Menschenleben. Was mit den Menschen geschieht, ist für sie weitgehend irrelevant, wenn sie ihre Gewinne eingestrichen haben.

Derartige Vorkommnisse sind leider kein Einzelfall. Im November 2021 ertranken 27 Migranten bei dem Versuch, den Ärmelkanal von Frankreich nach Großbritannien zu überqueren. Ihr überladenes Schlauchboot kenterte. Unter den Toten befanden sich Berichten zufolge fünf Frauen und ein kleines Mädchen. Menschen aus Afrika und dem Nahen Osten betrachten das Vereinigte Königreich offensichtlich als das beste Ziel, weil dort Englisch gesprochen wird, manche bereits Verwandte im Vereinigten Königreich haben und es für sie dank einer entspannteren Herangehensweise an die Arbeitsund Einwanderungsgesetze einfacher ist, einen Arbeitsplatz zu finden.

Das Missing Migrants Project von IOM ist aus mehrfachen Gründen wichtig. Anhand der erstellten Statistiken lassen sich die Risiken gängiger Migrationsrouten bewerten undanschließend Maßnahmen und Programme zur Erhöhung der

Sicherheit entwickeln. Das Projekt unterstützt auch Personen, die nach vermissten Angehörigen suchen, indem es sie an das vom Roten Kreuz und dem Roten Halbmond betriebene Restoring Family Links Network verweist.

Kein Wunder also, dass die oben beschriebenen Umstände bei Migranten zu einer emotionalen Belastung führen können. Der nächste Abschnitt befasst sich mit den Formen, die eine solche emotionale Belastung annehmen kann.

Komplizierte Trauer: Wenn man die oben genannten Zahlen berücksichtigt, ist leicht zu erkennen, dass Trauer, Verlust und – in ihrer schwereren Form – die komplizierte Trauer bzw. Die pathologische Trauer, häufige Beschwerden unter Migranten sind. Sie werden auch häufig von Psychologen, Psychiatern und anderen psychotherapeutischen Fachleuten behandelt, die mit diesen Bevölkerungsgruppen arbeiten.

Die meisten Menschen machen irgendwann in ihrem Leben die Erfahrung, einen geliebten Menschen zu verlieren. Für die Mehrheit von uns sind Trauer und Verlust mit einer Phase der Trauer, der Traurigkeit, der Distanziertheit und sogar mit Schuldgefühlen und Wut über den Verlust verbunden. Menschen werden ihre Angehörigen weiterhin vermissen und sich an sie erinnern. Aber mit der Zeit wird die mit dem Verlust verbundene emotionale Intensität nachlassen. Dies ist ein natürlicher Heilungsprozess.

Wenn Menschen einen Todesfall verarbeiten, durchlaufen sie in der Regel verschiedene Phasen des Trauerprozesses. Die genaue Reihenfolge und Dauer der einzelnen Phasen ist von Person zu Person unterschiedlich.

Nach Kübler-Ross beginnt die Trauer typischerweise mit der Verleugnung des Verlustes. Darauf folgt oft die Wut über die Ungerechtigkeit des Verlustes. Diese Wut kann sich gegen

Menschen richten, die als Verursacher des Verlustes angesehen werden, oder auch gegen sich selbst. Manche verfallen in eine starke Depression und haben das Gefühl, dass die Hoffnung auf ein besseres Leben verloren gegangen ist. Viele Menschen akzeptieren schließlich den Tod des geliebten Menschen. Sie erleben die Realität des Verlustes. Aber sie passen sich auch an ihr neues Leben, ihre Pläne und Träume für die Zukunft an. Letztendlich können diese Menschen neue Hoffnung schöpfen und neue gesunde Beziehungen aufbauen.

In Fällen, in denen ein Todesfall durch Gewalt oder kriminelle Handlungen verursacht wurde, können Menschen Trost daraus schöpfen, wenn der Täter vor Gericht gestellt wird. Manche finden schließlich sogar die Kraft, dem Täter zu vergeben.

Für andere jedoch ist der Verlust so schrecklich, dass ihre emotionale Belastung nicht aufhört und nicht einmal mit der Zeit nachlässt. Aus klinischer Sicht bezeichnen wir diese Reaktion als „komplizierte Trauer" bzw. „anhaltende Trauerstörung" oder „pathologische Trauer". In diesen Fällen bleiben die schmerzhaften Emotionen und der Verlust so stark und lang anhaltend, dass es für die Person äußerst schwierig ist, sich davon zu erholen und zu einem „normalen Leben" zurückzukehren.

Werfen wir einen Blick auf die Gemeinsamkeiten und Unterschiede zwischen gewöhnlicher und komplizierter Trauer: Wie bereits erwähnt, gehören Kummer und Traurigkeit über den Verlust der geliebten Person(en) zu den normalen Erfahrungen von Trauernden. Dieser Zustand verschlimmert sich, wenn die Hinterbliebenen auf Orte, Menschen und Situationen treffen, die sie an den/die Verstorbenen erinnern.

Zunächst ist der Unterschied zwischen gewöhnlicher Trauer und komplizierter Trauer schwer zu erkennen. In den ersten Monaten nach einem Verlust ähneln sich viele Symptome, die mit normaler und komplizierter Trauer verbunden sind. Doch während die normalen Trauersymptome mit der Zeit allmählich abklingen, bleiben die Symptome der komplizierten Trauer bestehen oder verschlimmern sich sogar.

Einige Anzeichen für komplizierte Trauer sind: Die Betroffenen empfinden weiterhin intensive Trauer, Schmerz und Kummer über den Verlust eines geliebten Menschen. Sie empfinden auch weiterhin eine intensive Sehnsucht nach dem verstorbenen geliebten Menschen. Sie denken an kaum etwas anderes als an den Tod des geliebten Menschen. Sie reagieren sehr stark auf Orte, Personen und Umstände, die an den geliebten Menschen erinnern, und meiden diese aufgrund der intensive Trauer, die sie auslösen.

Menschen mit komplizierter Trauer können auch Gefühle der Distanziertheit und emotionalen Taubheit erleben. Sie sind verbittert über den Verlust und glauben, dass ihr Leben keinen Sinn und Zweck mehr hat. Sie scheinen nicht mehr in der Lage zu sein, sich an irgendetwas zu erfreuen oder an positive Erinnerungen zurückzudenken, die sie mit dem verlorenen geliebten Menschen geteilt haben. Oft fangen sie an, anderen zu misstrauen, die ihrer Meinung nach die Erfahrung des Trauernden „unmöglich so verstehen" können wie sie selbst.

Die Beschwerden, die sich aus einer komplizierten Trauer ergeben, können schwerwiegend und lang anhaltend sein. Betroffene einer komplizierten Trauer können an nichts anderes denken als an ihre Trauer und haben Schwierigkeiten, den Tod eines geliebten Menschen zu akzeptieren. Wut und Verbitterung über den Tod können dazu führen, dass sie ihre Lebensfreude verlieren. Betroffenen mit komplizierter Trauer fällt es zunehmend schwer, Aktivitäten nachzugehen, die vor dem Verlust Routine waren. Sie ziehen sich von anderen Menschen zurück, fühlen sich schuldig, weil sie den Tod eines geliebten Menschen nicht verhindern konnten, und kommen zu dem Schluss, dass das Leben nicht mehr lebenswert ist.

Oft wünschen sie sich, sie wären zusammen mit dem geliebten Menschen gestorben. Manche denken sogar an Suizid. Darüber hinaus können auch körperliche Symptome auftreten, die mit Angstzuständen einhergehen, wie z.B Kurzatmigkeit, Schmerzen in der Brust oder andere körperliche Beschwerden. Der Stress kann das Immunsystem schwächen und das Risiko einer körperlichen Erkrankung (z.B. Herzerkrankungen, Krebs oder Bluthochdruck) erhöhen. Es kann erhebliche Überschneidungen bei der Symptomatik von Trauer und einer posttraumatischen Belastungsstörung (PTBS) geben. Auf PTBS wird später ausführlich eingegangen.

Fachleute für die psychische Gesundheit wissen nicht genau, warum manche Menschen, die ähnlichen Umständen ausgesetzt waren, eine komplizierte Trauer entwickeln und andere nicht, aber mehrere Faktoren könnten eine Rolle spielen. Dazu gehören genetische Veranlagung, erlernte Methoden zur Bewältigung der Realität und die Art der Persönlichkeit.

Ältere Menschen und Frauen scheinen anfälliger zu sein und ein höheres Risiko zur Entwicklung einer komplizierten Trauer zu haben. Weitere Umstände, die das Risiko einer solchen Trauer erhöhen, sind ein unerwarteter oder besonders gewaltsamer Tod (z.B. ein Autounfall, Mord, Krieg oder Selbstmord), der Tod eines Kindes, eine starke Abhängigkeit von der verstorbenen Person, der Verlust von Freundschaften (z.B. wenn andere die trauernde Person für den Tod verantwortlich machen), eine Vorgeschichte mit anderen Traumata und/oder emotionalen Störungen sowie zusätzlicher Stress im Alltag.

Über die Prävalenz von komplizierter Trauer bei bestimmten Nationalitätengruppen liegen Forschern kaum Informationen vor. Eine Studie belegt jedoch, dass je nach Herkunftsland 32 % der Migranten eine derartige Trauer erleben. Die Trauer von Migranten kann verstärkt werden, wenn wichtige Familienmitglieder nicht anwesend sind, um zu helfen. Durch ihr Leben in einem neuen Land ist unter Umständen zudem die Einhaltung traditioneller Bestattungspraktiken nur eingeschränkt möglich.

Ein Schlüssel zur Diagnose und Behandlung von Trauer und komplizierter Trauer besteht darin, die kulturellen und religiösen Zusammenhänge zu erkennen, die die Erfahrung einer Person prägen. Aber selbst, wenn man auf Ähnlichkeiten bei dem kulturellen und religiösen Hintergrund von Personen stößt, gibt es immer individuelle Unterschiede, die berücksichtigt und respektiert werden müssen.

Zusammenfassend lässt sich sagen, dass komplizierte Trauer körperliche, psychische und soziale Auswirkungen auf Migranten haben kann. Diejenigen, die aufgrund von Krieg, Armut und krimineller Gewalt aus ihrer Heimat fliehen mussten, sind besonders gefährdet. Sie nehmen oft lange und gefährliche Reisen auf sich. Im Folgenden werden einige grundlegende Überlegungen zum Umgang mit Trauer beschrieben. Es folgt eine Erörterung der Resilienz bei komplizierter Trauer.

Wann professionelle Hilfe in Anspruch genommen warden sollte: Manche Betroffene zögern, professionelle Hilfe in Anspruch zu nehmen, weil sie befürchten, dass sie dafür kritisiert oder lächerlich gemacht werden. Dies kann auf Freunde und Familienmitglieder zurückzuführen sein, die ihr Trauerverhalten kritisiert haben („Es ist doch schon eine Weile her, du solltest so langsam mal damit fertig werden"). Fachleute für psychische Gesundheit haben ein besseres Verständnis dafür, dass jeder Mensch in seinem eigenen Tempo und in seinem eigenen Zeitrahmen trauern muss.

Es ist jedoch ratsam, sich an seinen Arzt oder eine psychotherapeutische Fachkraft zu wenden, wenn die Trauer sehr intensiv ist und man Schwierigkeiten mit der Bewältigung von täglichen Aufgaben hat. Die Zeit, die Menschen für ihre Trauer benötigen, ist sehr unterschiedlich. Betroffene sollten keine Scheu davor haben, um Hilfe zu bitten. Wenn die seelische Belastung sich innerhalb eines Jahres nicht bessert, sollte auf jeden Fall professionelle Hilfe gesucht werden.

Wie man komplizierte Trauer verhindern kann, ist nicht ganz klar. Es kann hilfreich sein, schon bald nach dem Verlust eines geliebten Menschen eine Therapie in Anspruch zu nehmen, insbesondere für Betroffene mit einem erhöhten Risiko, eine komplizierte Trauer zu entwickeln. Auf verschiedene formale Behandlungsmöglichkeiten gehen wir später in diesem Buch ein. Hier sind jedoch einige erste Überlegungen dazu, wie die Trauer besser bewältigt werden kann.

- **Reden:** Betroffene, die über ihre Trauer sprechen können und sich gestatten, ihre Gefühle zu zeigen (z.B. durch Weinen), können die Wahrscheinlichkeit einer Überforderung durch ihre Traurigkeit verringern. Weinen ist einer der Mechanismen, anhand dessen der menschliche Körper Stress verarbeitet und abbaut.

- **Unterstützung:** Im Idealfall können Familienmitglieder, Freunde, soziale Unterstützungsnetzwerke und Glaubensgemeinschaften den Betroffenen helfen, ihre Trauer zu verarbeiten. Einige Selbsthilfegruppen konzentrieren sich auf eine bestimmte Art von Verlust, z.B. den Tod eines Ehepartners oder eines Kindes während eines Krieges. Der Kontakt zu anderen Betroffenen, die sich in einer ähnlichen Situation befinden und den Trauerprozess durchlaufen haben, kann vor Augen führen, dass eine Besserung möglich ist.

- **Kulturbasierte Verarbeitung:** Der Tod ist zwar universell, aber die verschiedenen Kulturen haben unterschiedliche Wege, mit Verlust und Trauer umzugehen. Der Tag der Toten (1. und 2. November) (Día de Los Muertos) ist beispielsweise ein mexikanischer Feiertag, der sich mit den katholischen Festen Allerheiligen und Allerseelen überschneidet, die in vielen Ländern begangen werden. An diesem Feiertag können Familienmitglieder und Freunde ihrer Verstorbenen gedenken und sie ehren, indem sie deren Leben würdigen. Sie errichten Hausaltäre, bringen Opfergaben dar und besuchen die Gräber mit Geschenken. Diese Praxis ist nicht identisch mit der Ahnenverehrung, wie sie in der chinesischen taoistischen Tradition praktiziert wird, kennt aber teilweise ähnliche Praktiken. Sie beruht auf dem Glauben, dass verstorbene Familienmitglieder weiterleben; ihre Geister kümmern sich um die Familie und beeinflussen die Geschicke der Lebenden. Es ist die Aufgabe der lebenden Familienmitglieder, ihre Ahnen in der spirituellen Welt bei Laune zu halten. Bei diesen beiden Beispielen handelt es sich um Rituale und Überzeugungen, die die Verstorbenen ehren und ihnen mit Freude gedenken, statt sich auf den Verlust durch ihren Tod zu konzentrieren. Dies dient zum Teil dazu, die Kontinuität der Familienlinie zu stärken.

Von unseren Patienten lernen wir in der Therapie manchmal eine ganze Menge über Trauerverarbeitung und Resilienz. Hier ist ein solches Beispiel aus unserer klinischen Praxis.

Fallbeispiel von Joachim Reimann:

Eine Patientin kam in einer emotionalen Notlage in unsere Praxis. Sie war vor politischer Verfolgung in einem osteuropäischen Land geflohen und hatte es geschafft, sich in den USA ein neues Leben aufzubauen. Sie hatte geheiratet und plante, Kinder zu bekommen. Doch dann verstarb ihr Mann infolge eines Unfalls.

Die junge Frau beschrieb sich selbst als jemand, der seine Gefühle unter normalen Umständen kontrollieren konnte. Doch mit dem Tod ihres Mannes kam ihr diese Fähigkeit abhanden. Auf ergreifende Weise erzählte sie von einem Vorfall, bei dem ein Kollege zu ihr sagte, es sei „erstaunlich, dass du das überlebt hast". Ohne nachzudenken, antwortete sie: „Habe ich nicht." Sie war selbst nicht beim Unfall dabei gewesen und hatte entsprechend keine körperlichen Verletzungen davongetragen. Die Antwort der Frau bezog sich auf ihr psychisches Funktionieren.

Letztendlich hatte die junge Frau mit ihrer Antwort sowohl Recht als auch Unrecht. Sie war nicht mehr dieselbe, die sie vor dem Unfall ihres Mannes gewesen war. Dieser hatte sie verändert. Daher hatte ihr früheres Ich tatsächlich nicht überlebt. Doch mit der Zeit gelang es ihr, das Andenken ihres Mannes zu ehren, indem sie das Leben führte, von dem sie wusste, dass er es ihr gewünscht hätte. Ihrer Beschreibung nach liebte er sie ganz offensichtlich und wollte nur das Beste für sie. Also machte sie sich daran, das zu erreichen.

Posttraumatische Belastungsstörung

Die meisten Psychologen, Psychiater und andere Gesundheitsdienstleister verwenden Standarddiagnosen aus der neuesten International Classification of Diseases oder aus dem Diagnostic Statistical Manual in den USA, um zu ermitteln, an welcher Erkrankung ihre Patienten leiden. Dies hilft beim Bestimmen der bestmöglichen Behandlung.

Die Posttraumatische Belastungsstörung (PTBS) ist eine solche Diagnose. Sie wird im Allgemeinen als ein psychischer Zustand definiert, der auftreten kann, wenn eine Person ein oder mehrere traumatische Ereignisse direkt erlebt oder persönlich miterlebt hat oder erfahren hat, dass ein solches Ereignis oder solche Ereignisse einem geliebten Menschen widerfahren ist/sind, oder wenn sie wiederholt oder in extremer Weise negative Details eines oder mehrerer solcher Ereignisse ausgesetzt war.

Zu den PTBS-Symptomen gehören unter anderem aufdringliche Gedanken über das traumatische Erlebnis, „Flashbacks", Schlafprobleme, Albträume, ausgeprägte Angstzustände, das Gefühl der Unwirklichkeit oder der Distanziertheit von anderen, Unruhe/Reizbarkeit, Schreckhaftigkeit, Depressionen, Konzentrationsprobleme und körperliche Reaktionen auf Situationen, die an das erlebte Trauma erinnern. Später in diesem Abschnitt gehen wir ausführlicher auf die verschiedenen Empfindungen ein, zu denen Betroffene mit PTBS neigen.

Es ist wohl nicht weiter verwunderlich, dass PTBS zu den Beschwerden von Migranten gehören kann, die sehr schlimme Ereignisse wie Krieg, Verfolgung, kriminelle Bedrohung, Erpressung, sexuelle Übergriffe, körperliche Verletzungen und andere Qualen erlebt haben. Konkrete Schätzungen reichen von etwa 30 % bei syrischen Erwachsenen bis hin zu 76 % bei syrischen Kindern. Eine Studie ergab, dass 9 % der Jugendlichen mit lateinamerikanischem Migrationshintergrund und 21 % ihrer Betreuungspersonen ein erhöhtes Risiko für das Auftreten einer PTBS haben. Im Vergleich dazu leiden in der allgemeinen erwachsenen Bevölkerung weltweit zwischen 1 % und 6 % an einer PTBS.

Während wir an diesem Buch arbeiteten, zogen sich die amerikanischen Streitkräfte aus Afghanistan zurück. Die genauen psychologischen Auswirkungen dieses Ereignisses auf die afghanische Bevölkerung sind noch nicht bekannt. In den Nachrichten war jedoch immer wieder zu sehen, wie zwischen dem 14. und 31. August 2021 verzweifelte Menschen auf dem Kabuler Flughafen versuchten, das Land zu verlassen. Insgesamt haben die USA und ihre Verbündeten nach der Machtübernahme durch die Taliban mehr als 114.000 Menschen in verschiedene Länder evakuiert. Alles deutet darauf hin, dass auch weiterhin Menschen vor dem neuen Regime fliehen werden. Daher ist es sehr wahrscheinlich, dass die Aufnahmeländer für afghanische Flüchtlinge eine hohe Zahl von Migranten mit PTBS in dieser Bevölkerungsgruppe verzeichnen werden.

Die persönlichen Geschichten von afghanischen Flüchtlingen sind oftmals sowohl frustrierend als auch inspirierend. In einem Artikel in The Week vom 13. Mai 2022 werden beispielsweise Mitglieder des Female Tactical Platoon beschrieben, einer afghanischen Eliteeinheit, die amerikanische Spezialeinheiten beim Aufspüren von Taliban-Kämpfern unterstützte. Als Frauen konnten sie leichter Informationen von anderen Frauen sammeln. Nach allem, was man hört, waren sie sehr erfolgreich bei ihren Missionen. Doch mit dem Abzug der USA mussten sie aus ihren Häusern fliehen. Dem Artikel zufolge arbeitete mindestens eine von ihnen anschließend in einem Fast-Food-Laden in den USA. Angesichts ihrer bewiesenen Fähigkeiten, ihrer Entschlossenheit, ihres Mutes und ihrer Unterstützung der amerikanischen Angriffsziele ist es wahrscheinlich, dass die Veteraninnen des Female Tactical Platoon in ihrem neuen Leben mehr als erfolgreich sein werden. Es liegt auch im Interesse ihres neuen Heimatlandes, die bewährten Talente anzuerkennen und den Erfolg dieser Frauen zu fördern.

Wie bereits erwähnt, hat der Einmarsch Russlands in die Ukraine wiederum eine Situation geschaffen, in der viele aus ihrer Heimat fliehen. Während wir dieses Buch schreiben, ist der endgültige Ausgang dieses Krieges noch ungewiss. Er zeigt jedoch einmal mehr, dass eine Flüchtlingskrise Menschen aus allen sozioökonomischen Schichten treffen kann. Es ist außerdem bemerkenswert, dass viele Ukrainerinnen und Ukrainer nach Beendigung des Konflikts in ihre Heimat zurückkehren und ihr Land wieder aufbauen wollen, statt dauerhaft in andere Länder auszuwandern. Ob die Flucht aus der Ukraine nur vorübergehend ist oder zu einer dauerhaften Übersiedlung in die Aufnahmeländer führen wird, bleibt für viele also vorerst offen. Es ist allerdings anzunehmen, dass viele ukrainische Flüchtlinge an einer PTBS leiden werden.

Geschichte und kulturelle Kontexte: In der gesamten Menschheitsgeschichte wurden Zusammenhänge zwischen traumatischen Ereignissen und nachfolgenden „nervösen" oder psychischen Symptomen festgestellt. Diese Zusammenhänge wurden in lateinamerikanischen Kulturen als sustos (Seelenverlust oder Seelenschreck) bezeichnet und in kambodschanischen Traditionen als Anfälle von *khyâl* (Wind).

In den westlichen Gesellschaften gab es diverse Bezeichnungen für das, was heute PTBS genannt wird. Im 19. Jahrhundert gehörte dazu der Begriff „Nervenschock". Im militärischen Bereich wurde in den Aufzeichnungen des amerikanischen

Bürgerkriegs in den frühen 1870er Jahren ein Zustand beschrieben, der als „Soldatenherz" oder „reizbares Herz" bezeichnet wurde und auf Kampfstress zurückzuführen war. Im Ersten Weltkrieg nannte man ihn „shell shock" (Schützengrabenschock bzw. Granatenschock). Während des Zweiten Weltkriegs wurde der Begriff „shell shock" allmählich durch „terror neurosis" (Kriegsneurose) ersetzt. Je nach Zeiten fand man weitere Namen für das Leiden, wie z.B. „Schreckneurose", „akute neurotische Reaktion", „ausgelöste Neurose", „Angstsyndrom nach Unfall" und „posttraumatische Hysterie". Während des Amerika-Vietnam-Konflikts wurde häufig von „battle fatigue" (Kampfmüdigkeit) gesprochen. Im Jahr 1980 wurde schließlich die „Posttraumatische Belastungsstörung" zur offiziellen Bezeichnung für diese Form von Beschwerden.

Warum entwickeln manche aufgrund eines Traumas psychische Beschwerden und andere nicht? Genetische, körperliche und soziale Faktoren machen einige Menschen anfälliger für das Auftreten einer PTBS nach einem traumatischen Erlebnis. Die Kombination aus früheren Traumata und anhaltenden langfristigen Stressoren kann die Symptome verschlimmern. Diese Kombination ist besonders häufig bei denjenigen, die eine gefährliche Zwangsmigration hinter sich haben. In der wissenschaftlichen Literatur wird dies als komplexe PTBS bezeichnet.

In einer unserer Studien fanden wir z.B. heraus, dass Migranten aus dem Nahen Osten und Ostafrika, die in ihrem Leben mehrere Traumata erlebt hatten, schwerere Symptome aufwiesen als diejenigen, die keine derartigen Erfahrungen gemacht hatten. Angesichts dieser Art von Belegen wird die komplexe PTBS wahrscheinlich in künftigen Ausgaben der International Classification of Diseases aufgenommen werden.

Zusammengefasst lauten die Kriterien zur Diagnose von PTBS im DSM-5, ergänzt durch einige für Migranten spezifische Beispiele, wie folgt:

Die betroffene Person hat ein Ereignis erlebt, bei dem ihr oder einer anderen Person der Tod, eine ernsthafte Verletzung oder sexuelle Gewalt auf eine (oder mehrere) der folgenden Arten drohte:

6. Die Person hat ein oder mehrere traumatische Ereignisse unmittelbar erlebt. Bei Personen, die aus ihrem Herkunftsland fliehen mussten (und/oder auf dem Weg in ein neues Heimatland sind), kann dies bedeuten, dass sie verletzt, vergewaltigt, gefoltert, ausgeraubt oder in anderer Weise zu Schaden gekommen sind.

7. Die Person hat das/die Ereignis/se, bei dem/denen andere, z.B. Freunde oder Familienmitglieder, zu Schaden kamen, persönlich miterlebt. Auch dies gehört zu den häufigen Erfahrungen von Menschen, die eine Zwangsmigration hinter sich haben.

8. Die Person hat erfahren, dass einem nahen Familienmitglied oder engen Freund ein oder mehrere traumatische Ereignisse widerfahren sind. Diese/s Ereignis/se müssen physisch oder psychisch gewalttätig gewesen sein. Manche erfahren beispielsweise, dass geliebte Menschen getötet wurden, entführt wurden oder verschollen sind, sodass ihr Status und ihr Verbleib unbekannt sind. Andere erfahren nie, was mit ihren Angehörigen bzw. geliebten Personen geschehen ist.

9. Die betroffene Person hört oder sieht immer wieder Details des traumatischen Ereignisses oder der traumatischen Ereignisse. Zum Beispiel können Betroffene die

sterblichen Überreste eines geliebten Menschen sehen, auch wenn sie deren Tod selbst nicht miterlebt haben, oder sie erfahren von anderen immer wieder Einzelheiten über den Tod oder die ernsthafte Verletzung eines geliebten Menschen. Die Medienberichterstattung über den Ukraine-Krieg, die ermordete Zivilisten auf der Straße zeigt, ist ein trauriges Beispiel dafür.

Eines (oder mehrere) der folgenden Symptome, die mit dem/den traumatischen Ereignis/sen verbunden sind, treten auf:

10. Wiederholte, unerwünschte und belastende Erinnerungen an traumatische Ereignisse. Betroffene versuchen, diese Erinnerungen zu vermeiden, aber oft gelingt es ihnen nicht.

11. Wiederholte beunruhigende Träume, die sich auf traumatische Ereignisse beziehen.

12. Erlebnisse, bei denen sich eine Person so fühlt oder verhält, als würde sich das traumatische Ereignis wiederholen. In extremen Fällen können die Betroffenen von solchen Erlebnissen dermaßen überwältigt werden, dass sie sich ihrer realen Umgebung nicht mehr bewusst sind.

13. Intensive oder lang anhaltende psychische Belastung beim Erleben von Empfindungen, beim Sehen von Orten oder Hören von Dingen, die die Betroffenen an ihre traumatische/n Erfahrung/en erinnern. Das können zum Beispiel laute Geräusche sein, die sich wie Explosionen im Krieg anhören, oder Nachrichten über Unfälle oder Katastrophen.

14. Deutliche körperliche Reaktionen auf Umstände, die einen Aspekt des/der traumatischen Ereignisses/Ereignisse, das/die eine Person erlebt hat, symbolisieren oder

diesen ähneln. Dazu können eine erhöhte Herzfrequenz, Schweißausbrüche, Übelkeit und andere körperliche Symptome gehören.

Eine anhaltende Tendenz, verschiedene Erinnerungen an traumatische Ereignisse zu vermeiden. Dies kann eine oder beide der folgenden Ursachen haben:

15. Betroffene mit PTBS neigen dazu, sich (oft erfolglos) um die Vermeidung von belastenden Erinnerungen, Gedanken oder Gefühlen zu bemühen, die in irgendeiner Weise mit dem/den traumatischen Ereignis/sen verbunden sind.

16. Betroffene mit PTBS neigen dazu, sich um die Vermeidung von Erinnerungen an Personen, Orte, Situationen und andere Umstände zu bemühen, die belastende Erinnerungen an das erlebte Trauma hervorrufen.

Negative Veränderungen der Gedanken und der Stimmung im Zusammenhang mit dem/den traumatischen Ereignis/sen. Diese beginnen oder verschlimmern sich nach dem Stattfinden des/der traumatischen Ereignisse/s, und schließen zwei weitere der folgenden Hürden ein:

17. Schwierigkeiten, sich an einige Details des/der traumatischen Ereignisse/s zu erinnern (obwohl wiederum andere Details sehr lebendig sein können). In diesem Fall wird davon ausgegangen, dass die Denk- und Gedächtnisprobleme nicht durch eine Kopfverletzung, Alkohol oder Drogen oder andere psychologische Beschwerden verursacht wurden.

18. Ständige und übertriebene Überzeugungen und Erwartungen (z.B. „Ich bin ein schlechter Mensch", „Die schlimmen Dinge, die passiert sind, sind meine Schuld", „Man

kann den Menschen in der Welt nicht trauen", „Die Welt ist völlig unsicher").

19. Ständige, ungenaue Gedanken über die Ursache und/ oder die Folgen des/der traumatischen Ereignisse/s, die dazu führen, dass die Betroffenen sich selbst oder anderen die Schuld geben.

20. Anhaltende Angst, Entsetzen, Wut, Schuld oder Scham.

21. Mangelnder Wunsch, an Aktivitäten teilzunehmen, die früher Spaß gemacht haben. Manchmal kann das zu einem fast vollständigen Zurückziehen von anderen führen.

22. Das fehlende Gefühl der Verbundenheit mit anderen Menschen, einschließlich Freunden und Verwandten.

23. Eine ständige Unfähigkeit, positive Gefühle wie Zufriedenheit oder Liebe zu empfinden.

Vermehrte und starke negative Reaktionen, die nach dem Erleben eines oder mehrerer traumatischer Ereignisse einsetzen oder sich verschlimmern. Dazu gehören in der Regel zwei oder mehrere der folgenden Punkte:

24. Schlecht gelauntes Verhalten oder Wutausbrüche (grundlos oder leichtfertig), die sich typischerweise in verbalen oder körperlichen Angriffen auf andere Menschen oder Gegenstände äußern.

25. Rücksichtsloses oder selbstzerstörerisches Verhalten. (Dies gilt insbesondere für Kinder, die an einer PTBS leiden.)

26. Hypervigilanz. (Dies ist ein Zustand erhöhter Wachsamkeit. Betroffene mit PTBS sind äußerst sensible für versteckte Gefahren, auch wenn es keine wirklichen Bedrohungen gibt).

27. Erhöhte Schreckhaftigkeit. Betroffene mit einer traumatischen Vorgeschichte neigen dazu, durch unerwartete
Geräusche oder Bewegungen aufgeschreckt und verängs-
tigt zu werden.

28. Konzentrationsprobleme. (Viele Betroffene mit
schwerer PTBS sind so sehr auf ihre verstörenden Gedanken über ein vergangenes Trauma fixiert, dass sie Schwierigkeiten haben, auf ihre unmittelbare Umgebung im
Hier und Jetzt zu achten. Sie bezeichnen diesen Zustand
möglicherweise als „Gedächtnisprobleme", aber tatsächlich kann sich die betroffene Person nicht an das erinnern, worauf sie sich nicht konzentrieren konnte).

Erhebliche Schlafprobleme, einschließlich Albträumen, die
durch schwierige und unerwünschte Gedanken über das
Trauma verursacht werden.

Die Dauer der oben genannten Beschwerden beträgt mehr als
einen Monat. Bei einer Dauer von weniger als einem Monat
gilt eine andere Diagnose: die „akute Belastungsstörung".

Die Störung führt zu erheblichem Leid und/oder Beschwerden
für die Betroffenen in sozialen Situationen am Arbeitsplatz
oder bei anderen Aktivitäten im Alltag. Manche Betroffene
sind beispielsweise so zurückgezogen und desorientiert, dass
sie nicht mehr einkaufen gehen können, sich verirren, wenn
sie ihre Wohnung verlassen, und bei den meisten Routine-
handlungen auf die Hilfe anderer angewiesen sind.

Die zuvor beschriebenen Symptome wurden nicht durch eine
Substanz (z.B. Medikamente, Alkohol, Partydrogen) oder
Suchterkrankungen verursacht. Manche Betroffene nehmen Drogen, um mit Problemen fertig zu werden. Natürlich
kann eine Selbstmedikation mit Drogen oder Alkohol zu

weiteren Beschwerden (wie Paranoia) führen. Studien belegen, dass die Kombination von PTBS und Drogenmissbrauch bei Migrantengruppen häufig vorkommt. Damit eine PTBS diagnostiziert werden kann, muss der Drogenmissbrauch (oder eine erhebliche Zunahme des Konsums) jedoch als Reaktion auf ein traumatisches Erlebnis erfolgen.

Es ist wichtig, zu beachten, dass manche Betroffene, die in irgendeiner Form der Selbstverteidigung handeln, selbst eine gewalttätige Handlung begangen haben können. In diesem Fall können sie unter den daraus resultierenden psychologischen Traumata leiden. Kinder, die zum Beispiel zum Militärdienst gezwungen werden, haben möglicherweise das Gefühl, keine Wahl gehabt zu haben. Auch erwachsene Zivilisten können Situationen erlebt haben, in denen sie unter Androhung von Gewalt gewalttätig gehandelt haben, um sich selbst vor Angriffen zu schützen. Kurz gesagt, Traumaerfahrungen bedingen nicht immer eine klare Unterscheidung von „Opfern" und „Tätern". Diese beiden Kategorien können sich überschneiden. Wie bereits erwähnt, können Betroffene, die vor die Wahl gestellt wurden, entweder gegen andere zu kämpfen oder selbst getötet zu werden, vor dieser Situation fliehen und dann von ihren Mitmigranten als Feinde identifiziert werden. Dies führt zu einer komplexen rechtlichen und moralischen Problematik.

PTBS wird zwar durch Erfahrungen im Umfeld verursacht, kann aber körperliche Veränderungen im Gehirn hervorrufen. Die Art und Weise, wie das einem Trauma ausgesetzte Gehirn automatisch reagiert, wenn es eine Gefahr wahrnimmt, verändert sich tendenziell. Forscher haben beispielsweise untersucht, wie unser Gehirn Bedrohungen erkennt. Bei denjenigen, die ein Trauma erlebt haben, sieht der primitive Teil des Gehirns überall Gefahren, was zu einer dramatischen Sensibilität führen kann. Im Gegensatz dazu neigen Menschen ohne nennenswerte Traumavorgeschichte dazu, die Dinge als kontrollierbar zu interpretieren. Insgesamt verändern traumatische Erfahrungen die Art und Weise, wie wir Gefahren wahrnehmen, wie wir entscheiden, was unsicher genug ist, um eine starke Reaktion zu rechtfertigen, und wie wir auf wahrgenommene Bedrohungen reagieren (sowohl in Bezug auf unsere Handlungen als auch auf unsere körperlichen Empfindungen).

Infolgedessen haben Betroffene mit PTBS Schwierigkeiten, Situationen herauszufiltern, die in der Realität nicht besonders bedrohlich sind. Es entsteht die Gewohnheit, bei unerwarteten Ereignissen automatisch beunruhigt zu sein. Diejenigen, die gefährliche und unvorhersehbare Situationen erlebt haben, erschrecken leicht (z.B. wenn jemand von hinten auf sie zukommt). Wie in den zuvor besprochenen diagnostischen Kriterien für PTBS erwähnt, werden sie oft besonders durch Erinnerungen an vergangene Traumata „getriggert". Dabei handelt es sich nicht unbedingt um eine freiwillige, durchdachte Reaktion, sondern um automatische „Kampf- oder Flucht"-Reaktionen in grundlegenderen Teilen des Gehirns (z.B. in der Amygdala). Kurz gesagt, das Gehirn umgeht die rationale Analyse und geht direkt von einer relativen Ruhe zu einer extremen Angst über, die möglicherweise nicht dem Grad der tatsächlichen Gefahr entspricht. Diejenigen mit solchen Erfahrungen sind in der Regel übermäßig wachsam, da sie die nächste Katastrophe vorhersehen und Wege finden, diese zu verhindern.

Eine weitere häufige Reaktion auf ein Trauma ist Wut. Das US National Center for PTSD beschreibt Wut als den „*Kernder Überlebensreaktion des Menschen*". In gefährlichen Situationen kann sie uns die nötige Energie geben, um am Leben zu bleiben. Wenn wütende Reaktionen aber zur Gewohnheit werden, verursachen sie offensichtliche Beschwerden im Leben der Betroffenen und ihrem Umfeld.

Es gibt Anzeichen dafür, dass Betroffene auf etwas in ihrer Vergangenheit reagieren, mit dem sie nicht fertig geworden sind. Sie verwenden dabei oft absolute Aussagen, häufig mit den Begriffen „*nie*" und „*immer*". Kleine Schwierigkeiten warden als äußerst schwerwiegend empfunden. Sie neigen dazu, sich eher als Opfer denn als Überlebende zu sehen. Auf Angst wird regelmäßig mit Ärger und Wut reagiert. Die gute Nachricht ist, dass Studien darauf hindeuten, dass positive Gedanken auch zu einer besseren physischen Gehirnfunktion beitragen können. Mit anderen Worten: Es besteht Hoffnung, dass wir Beschwerden überwinden können, auch in unserem physischen Gehirn.

Dieses Buch wäre unvollständig ohne die Erwähnung der indirekten bzw. sekundären Traumatisierung. Ein solches Trauma bezieht sich auf emotionale Reaktionen von Gesundheitsdienstleistern, Sozialarbeitern, Grenzschutzbeamten, Einwanderungsspezialisten (z.B. Anwälten, Dolmetschern) und anderen, die von den schwierigen Ereignissen erfahren, die die Betroffenen, mit denen sie in Kontakt kommen, erlebt haben. Sicherlich haben viele Gesundheitsdienstleister, vor allem in Krankenhäusern, während der COVID-19-Pandemie ein solches Trauma empfunden, da sie Tag für Tag eine überwältigende Anzahl von kranken und sterbenden Patienten behandelten. Auch diejenigen, die mit Flüchtlingen arbeiten, können ein solches Trauma empfinden, wenn sie von den Folgen durch Krieg, Folter und anderen schrecklichen Erfahrungen hören und diese sehen.

Ein verwandtes Konzept ist die transgenerationale Weitergabe eines Traumas. Dabei handelt es sich um Traumareaktionen, die von denjenigen, die die ursprünglichen Ereignisse unmittelbar erlebt haben, an die nachfolgenden Generationen weitergegeben werden. Kinder können zum Beispiel Traumareaktionen von ihren Eltern „erben". Dazu kann auch gehören, dass man direkt von traumatischen Ereignissen erfährt. Es kann aber auch die Weitergabe dysfunktionaler Methoden umfassen, mit denen Erwachsene versucht haben, das Trauma zu verarbeiten.

Darüber hinaus ist es wichtig, die Zusammenhänge zwischen PTBS und Schädel-Hirn-Traumata (TBI) zu untersuchen. Bei traumatischen Hirnverletzungen handelt es sich um Verletzungen des Gehirns, des Schädels und der Kopfhaut, die die geistige Leistungsfähigkeit einer Person beeinträchtigen.

Über die Prävalenz von TBIs bei Migrantengruppen ist nicht viel bekannt. Man geht jedoch davon aus, dass sie unter Flüchtlingen, die Krieg und anderer Gewalt ausgesetzt waren, beträchtlich ist. Darüber hinaus kann es einen engenZusammenhang zwischen schwerwiegenden Verletzungen und PTBS geben. Es ist nicht weiter verwunderlich, dass jemand eine PTBS entwickeln kann, nachdem er/sie ein Schädel-Hirn-Trauma erlitten hat. Beide Traumata sind in der Regel mit ähnlichen Symptomen verbunden, z.B. Schlaf-, Konzentrations-,Gedächtnis- und Stimmungsproblemen. Die Beschwerden bei einer traumatischen Hirnverletzung werden komplizierter, wenn zum Zeitpunkt der Verletzung nur wenig (oder gar keine) medizinische Hilfe zur Verfügung steht. Es ist wichtig, dass die Patienten ihre vollständige körperliche Trauma-Anamnese eruieren und angeben, wenn sie medizinische Hilfe in Anspruch nehmen. Auf diese Weise kann die richtige Behandlungsmethode eingeleitet werden.

Im weiteren Verlauf dieses Buches decken wir verschiedene Behandlungsformen für PTBS ab. Zunächst sollte man jedoch einige Dinge beachten. Unserer Erfahrung nach haben Betroffene mit PTBS manchmal Angst davor, sich in Behandlung zu begeben, weil sie befürchten, dass sie die Geschichte ihres Traumas immer und immer wieder erzählen müssen. Es gibt Behandlungen, bei denen dies der Fall ist, aber solche Wiederholungen finden in der Regel in Einrichtungen statt, in denen eine Person genau überwacht werden kann, um schädliche Reaktionen zu vermeiden.

In unserem ambulanten Umfeld verbringen wir viel Zeit damit, über die Zukunft nachzudenken und diese zu planen. Die Behandlung von Traumata umfasst fünf notwendige Komponenten: Die Betroffenen müssen sich sicher fühlen, Strategien zur Regulierung ihrer Emotionen erlernen, soziale Unterstützung erhalten (z.B. durch Freunde und Familie), lernen, ihre Trauma-Erfahrung besser zu verstehen und konstruktive Wege finden, diese Erfahrung, egal wie schlimm sie war, in ihrem jetzigen Leben zu nutzen.

Fallbeispiel von Joachim Reimann:

Hier ein Beispiel eines Patienten, der Angst hatte, seine Geschichte während der Therapie immer wieder erzählen zu müssen:

Vor etwa zehn Jahren arbeitete ich mit einem Patienten, der seine Frau und seine Kinder bei einem Flugzeugunglück verloren hatte. Er lebte zu dieser Zeit in einem südamerikanischen Land. Im Laufe der Psychotherapie besserten sich seine Symptome, und wir beendeten die Behandlung. Er war gut ausgebildet und bekam schließlich einen guten Beruf in einem anderen Teil Kaliforniens, der über 100 Meilen entfernt war. Im März 2014 erhielt ich dann einen unerwarteten

Anruf von ihm. Das war, als Flug 370 der Malaysian Airlines verschwand. Die Berichterstattung über dieses Ereignis war über Wochen hinweg konstant in den Nachrichten.

Man konnte den Fernseher nicht einschalten, ohne das neueste Update dazu zu erhalten. Aufgrund der Ähnlichkeit zwischen dieser Katastrophe und seinen eigenen Erfahrungen flammten die Symptome des Mannes wieder auf. Mein erster Gedanke war, dass der Mann angesichts der Entfernung zu seinem jetzigen Wohnort einen Psychologen bei ihm vor Ort aufsuchen sollte, der ihm helfen könnte. Aber er wollte das nicht, weil ich seine Traumageschichte bereits kannte und er diese nicht mit einem anderen Therapeuten erneut durchsprechen wollte.

Die Geschichte nahm ein gutes Ende: Dieser Patient hat sein Trauma letztendlich sehr gut verarbeiten können. Aber seine Reaktion ist ein nützliches Beispiel dafür, wie ein aktuelles, vergleichbares Unglück bei traumatisierten Menschen schlimme Erinnerungen wachrufen kann.

Eine letzte Anmerkung: Im Laufe unserer Tätigkeit haben wir Betroffene kennengelernt, die auf den ersten Blick einfach nur wütend zu sein schienen, die selbst auf kleinere Beschwerden mit Wut reagierten und erhebliche Charakterschwächen zu haben schienen. Sie können manchmal eine Vielzahl von Diagnosen vorweisen, die von anderen Ärzten gestellt wurden. Aber wenn wir ihre Geschichte vollständig ergründen, stellt sich heraus, dass sie ein schwerwiegendes psychisches Trauma erlebt haben. Wie bereits beschrieben, sind diejenigen, die vor Krieg,

Verbrechen und anderen lebensbedrohlichen Ereignissen in ihrem Herkunft sland (sowie auf ihren Reisen) fliehen, oft traumatischen Ereignissen ausgesetzt, was bei einigen

Migrantengruppen eine wichtige Rolle spielt. Als Psychologen, die sich mit PTBS bei Migranten auskennen, ist es unsere Aufgabe, über Wut und emotionale Beschwerden hinaus auf die zugrunde liegenden Faktoren wie Traumata zu schauen, die zu Reaktivität führen können.

BESTÄTIGUNGEN

Viele Menschen haben den Inhalt dieses Buches direkt oder indirekt geprägt. Unsere Lektorin Frau Leslie Schwartz hat uns geholfen, den richtigen Stil für Sie, den Leser, zu finden. Sie hat auch wichtige Fragen zu unseren Themen gestellt, an die wir sonst nicht gedacht hätten. Darüber hinaus danken wir Herrn David Wogahn und Frau Manon Woghan von Author Imprints, die uns durch die vielen komplexen Stücke geführt haben, die mit der Veröffentlichung dieses und anderer Bücher der Immigrant Strides-Reihe verbunden sind.

Wir schätzen unsere bisherige Zusammenarbeit mit Forschern der Graduate School of Public Health der San Diego State University. Dazu gehören insbesondere Dr. Gregory Talavera und Dr. John Elder. Wir möchten uns auch bei den Freunden und Kollegen bedanken, die im Laufe der Zeit mit uns an verschiedenen Projekten gearbeitet haben. Zu den wichtigsten gehören unser Freund und Partner, Dr. Harve S. Meskin, Mitbegründer der Group for Immigrant Resettlement and Assessment (GIRA), sowie Dr. Mehboob Ghulam, Dr. Fouad Beylouni, Frau Maria Elena Patiño und Frau Aida Amar. Darüber hinaus schätzen wir unsere Zusammenarbeit mit führenden Persönlichkeiten in den lokalen ostafrikanischen Gemeinschaften, insbesondere mit Herrn Ahmed Sahid, Präsident und CEO des Somali Family Service of San Diego, und Herrn Abdi

Mohamoud, Präsident und CEO der Organisation am Horn von Afrika.

Vor allem möchten wir uns bei unseren vielen Patienten und Klienten bedanken, die uns im Laufe der Jahre ihre Lebensgeschichten erzählt haben. Sie können hier aus Gründen der Vertraulichkeit nicht genannt werden. Aber ihre Erfahrungen stehen im Mittelpunkt sowohl des Inhalts dieses Buches als auch unserer Motivation, es zu schreiben.

ÜBER DIE AUTOREN

Joachim "Joe" Reimann, Ph.D.
wurde in Berlin geboren. Seine Familie wanderte in die USA aus, als er 10 Jahre alt war. Derzeit ist Joachim klinischer Psychologe und Präsident der Group for Immigrant Resettlement and Assessment. Er blickt auf eine lange Geschichte in der Arbeit mit Einwanderergemeinschaften zurück und ist ehemaliger Vorstandsvorsitzender der Somali Family Services in San Diego. Während seiner Zeit als Lehrbeauftragter an der Graduate School of Public Health der San Diego State University erhielt Joachim Zuschüsse vom US Office of Minority Health, dem National Center for Minority Health Disparities, den Hispanic Centers of Excellence und dem California Endowment. Seine Arbeit konzentrierte sich auf eine Reihe von Bereichen der Verhaltensmedizin. Dazu gehörten Typ-2-Diabetes, Tabakkontrolle und Darmkrebs. So wurden Joachims Forschungsergebnisse in *Diabetes Care*, The Diabetes Educator, *Social Science & Medicine*, Ethnicity & Health, dem *American Journal of Preventive Medicine* und anderen Medien veröffentlicht. Neben einem klinischen Schwerpunkt hat Joachim in seiner Promotion einen Schwerpunkt in der Organisationspsychologie. Folglich war er an

verschiedenen Organisationsentwicklungsbemühungen beteiligt und hatte im Laufe seiner Karriere Verwaltungspositionen in der Regierung und im privaten Sektor inne.

Dolores I. Rodríguez-Reimann, Ph.D. wurde in Piedras Negras, Mexiko, geboren. Ihre Familie wanderte in die USA aus, als sie 15 Jahre alt war. Als zweisprachige und bikulturelle (Englisch/Spanisch) Psychologin arbeitet Dolores seit vielen Jahren mit Einwanderern und Flüchtlingen. Zu den spezifischen Veranstaltungsorten gehören private klinische Praxen, in der Vergangenheit vertraglich vereinbarte Dienstleistungen durch Survivor of Torture International und finanzierte Forschung. Derzeit ist Dolores leitende Angestellte der Group for Immigrant Resettlement and Assessment. Während ihrer Zeit als außerordentliches Fakultätsmitglied an der Graduate School of Public Health der San Diego State University erhielt sie Stipendien und Vertragsunterstützung durch das National Heart, Lung & Blood Institute (NHLBI), das National Cancer Institute (NCI) und das US Office of Minority Health. Ihre Forschung zu Fragen der öffentlichen Gesundheit wurde in *Ethnicity & Disease* und im *Journal of Immigrant Health* veröffentlicht. Dolores war im Laufe ihrer Karriere auch in mehreren Führungspositionen im Unternehmen tätig.

PERSONENBESCHREIBUNG
DESCRIPTION
SIGNALEMENT

Beruf / Occupation / Profession — Schüler
Geboren in / Place of birth / Lieu de naissance — Berlin
Geburtsdatum / Date of birth / Date de naissance — 28. Januar 1951
Wohnort / Residence / Domicile — La Jolla, Calif.
Gesichtsform / Shape of face / Visage — oval
Farbe der Augen / Colour of eyes / Couleur des yeux — graublau
Größe / Height / Taille — cm
Besondere Kennzeichen / Distinguishing marks / Signes particuliers — keine

Joachim Reimann

Es wird hiermit bescheinigt, daß der Paßinhaber die im Lichtbild dargestellte Person ist und die Unterschrift darunter eigenhändig vollzogen hat.
It is hereby certified that the bearer is identical with the person on the photograph and that the signature has been given in his own hand.
Il est certifié que le titulaire est la personne représentée par la photographie ci-dessus et que la signature est autographe.

Los Angeles, Cal. den 20. Apr. 1964

Im Auftrag

Unterschrift / Signature / Signature

Secretaría de Educación Pública
Dirección Gral. de Educación Tecnológica Industrial

La Escuela Tecnológica Industrial No. 112, Clave E-T-13-8

Otorga el presente

DIPLOMA

Alumno(a) del _____ Grado Sección _____ por su Magnífico Aprovechamiento
Durante el Presente Ciclo Escolar.

Piedras Negras, Coah. Junio de 197_

El Subdirector Srio.
ING. REYES FERNANDO JIMÉNEZ N.

Director de la Escuela
PROF. HERVEY BORREGO FLORES

ÜBER DIE BUCHCOVER

Als der Astronaut Neil Armstrong unseren Planeten Erde aus dem Weltraum betrachtete, wurde er mit den Worten zitiert: "Es fiel mir plötzlich auf, dass diese winzige Erbse, hübsch und blau, die Erde war. Ich hob meinen Daumen und schloss ein Auge, und mein Daumen löschte den Planeten Erde aus. Ich fühlte mich nicht wie ein Riese. Ich fühlte mich sehr, sehr klein." Andere haben ein verstärktes Gefühl der Verbundenheit mit anderen Menschen und der Erde als Ganzes festgestellt. Kurz gesagt, Astronauten hatten das Privileg, unseren Planeten aus der Ferne zu sehen und zu erkennen, was die Menschen gemeinsam haben, im Gegensatz zu dem, was uns trennt. Wir glauben, dass es wichtig ist, sich an diese Erkenntnisse zu erinnern, wenn wir über Einwanderung sprechen.

Der Film "A Million Miles Away" aus dem Jahr 2023 über den echten mexikanisch-amerikanischen NASA-Astronauten José M. Hernández enthält die Zeile "Wer könnte diesen Planeten besser verlassen und ins Unbekannte eintauchen als ein Wanderarbeiter?" Besser können wir es nicht sagen.

www.ingramcontent.com/pod-product-compliance
Lightning Source LLC
Chambersburg PA
CBHW022051020426
42335CB00012B/649